LA NOCHE OSCURA DEL ALMA

EDITORIAL
SHANTI NILAYA

La noche oscura del alma
Cuando el dolor se convierte en tu mayor fortaleza
D.R. © 2024 | Patricia Pino R.
Todos los derechos reservados
2a edición, 2024 | Editorial Shanti Nilaya®
Diseño editorial: Editorial Shanti Nilaya®

ISBN | 978-1-963889-61-1
eBook ISBN | 978-1-963889-62-8

www.editorial.shantinilaya.life

LA NOCHE OSCURA DEL ALMA

Cuando el dolor se convierte en tu
mayor fortaleza

Patricia Pino R.

EDITORIAL
SHANTI NILAYA

*Dedicado a todas las personas que están en camino
de encontrar la luz dentro de su oscuridad.*

Índice

Introducción

El amor de pareja pareciera ser nuestra misión de vida; de repente, todo gira en torno a encontrar a la persona perfecta. Las conversaciones desde tu etapa adolescente y con tus amigas; se enfocan en hacer estrategias para que le gustes al chico que se ha convertido en el único protagonista de todos tus sueños, para que puedas aparecer en su vida mágicamente y entonces, así, se miren a los ojos y se pierdan en amor mutuo y vivan felices por siempre. No podemos culparnos, hemos crecido en este ambiente y lo vemos por todas partes: en películas, series de televisión e inclusive en los libros que leemos. Y justo cuando crees que has alcanzado ese maravilloso amor, conoces el desamor, el concepto de «corazón roto» y el «morir de amor». Entonces, ¿por qué, si se trata de amor, termina doliendo demasiado? La respuesta: porque nunca fue amor.

Para amar, hay que tener una relación en primera instancia con uno mismo. No es necesario que busques al amor de tu vida porque ya ha estado contigo desde el día en que fuiste concebida; sin embargo, con el día a día y con la «presión social», hemos olvidado nuestra valía, y sin ella, nos sentimos vacíos y buscamos así en cualquier migaja de cariño, en cualquier sobra de amor, en cualquier persona que «nos baje las estrellas», esa fantasía del amor de nuestra vida. Peor aún, depositamos en ella la responsabilidad de hacerse cargo de nuestra felicidad.

La noche oscura del alma, desde un punto de vista espiritual, es un momento de vida que atraviesa una persona, en el que siente que todo dentro de sí se derrumba y pareciera que nada tiene sentido. Mas no sólo se trata del sufrimiento y «tocar fondo», sino de aceptar que esta experiencia no es el final: es el principio de un renacer. Veámoslo como el mito sobre la renovación del vuelo del águila; en este, ella misma se arranca el pico, las uñas y las plumas para regenerarse y vivir más años. ¿Puedes imaginar cómo duele enfrentar tus miedos, inseguridades, y abrir aún más la herida con el fin de sanar?

Y si, para amar de verdad, necesitaras renovarte, ¿lo harías?

Enamoramiento

«Y entonces conoces el amor,
te enamoras de la idea del amor,
te enamoras de tus propios sueños de amor.
Todo en tu vida se torna a ello.
Sólo debes recordar no subir a nadie a un pedestal,
debes recordar que esta etapa por naturaleza es una
fantasía,
pero si eres consciente de ello, entonces podrás pasar a la
realidad,
y la mejor etapa estará por venir:
Amar de verdad».

El duelo de un corazón roto

Save your advice 'cause I won't hear
You might be right, but I don't care
There's a million reasons why I should give you up
But the heart wants what it wants.
You got me scattered in pieces
Shining like stars and screaming
Lighting me up like Venus
But then you disappear and make me wait.
And every second is like torture
Hell over trip, no more so
Finding a way to let go
Baby, baby, no I can't escape.
This is a modern fairy tale
No happy endings
No wind in our sails.
But I can't imagine a life without
Breathless moments
Breaking me down, down, down, down.

The Heart Wants What It Wants
Selena Gomez

¿Alguna vez te has sentido sin alma? ¿Tan vacía que ni tus peores miedos te preocupan si se presentan ante ti? Creí que él había dicho que nunca me dejaría.

Al regresar a nuestra casa en Querétaro, después de pasar las festividades de Año Nuevo en Jalisco, ese enero de 2019, inicié la conversación:

–¿Qué pasa? Me hiciste ir a Jalisco mandándome el mejor WhatsApp que me has enviado, dijiste que me amas infinitamente y querías continuar, pero no vi nada de eso.

–No sé qué pasó, creo que la nostalgia y el sentirme solo allá, me hicieron escribirte y, además, no quería que pasaras sola las fiestas.

–¿Cómo te atreves a jugar con mis sentimientos?, creí en ti, creí que realmente era una reconciliación y habías pensado las cosas. ¡Cómo pudiste hacerme ir para nada!

–Ya no te amo –salió finalmente de su boca.

–¿De qué hablas? ¡Eres un cobarde, te esperas todo un año para decirme que no me amas!

Me destrozó por completo, jamás en mi vida me había sentido tan perdida y confundida. ¿En qué momento dejó de amarme? ¿Por qué no me lo dijo? ¿Por qué me tuvo en agonía durante un año? Y al mismo tiempo, no podía creer que ese fuera su motivo, si tan sólo una semana antes, me había dicho todo lo contrario... Mi cabeza iba a estallar por no saber qué estaba pasando en realidad. Esa noche el llanto no cesó. Deseaba encontrar respuestas con el corazón desgarrado y, al mismo tiempo, intentaba respirar sin ahogarme, no percibía el ardor de cada lágrima que recorría mi cara, no era capaz de sentir la hinchazón de los ojos. No sabía qué hacer, ni qué pensar, el mundo se me venía encima, lo único que quería era que alguien me dijera que todo iba a estar bien y no pasaría nada por divorciarme.

Esa noche, él durmió en el cuarto de televisión. Por el contrario, me parecía que nuestra cama era demasiado extensa para mí sola, sentía que me hacía falta, lloraba sin parar, mi cabeza no dejaba de dar vueltas a toda la conversación que habíamos tenido horas antes. Y entre más lo pensaba, no creía que él no me amara. Lo busqué en la madrugada, le pedí me dijera realmente qué pasaba y, entonces, cambió de opinión respecto al motivo y minutos después volvió a cambiarlo; sólo percibí que nada estaba claro para él y, mucho menos para mí. Sin embargo, aún así, él insistía en que necesitaba estar solo y lo mejor era divorciarnos.

A la mañana siguiente fue claro que no había marcha atrás en su decisión: nos divorciaríamos. Fui a desayunar con mi amiga Samantha; quién mejor que alguien que había pasado por una situación similar y ahora estaba tan bien, sólo ella podría entenderme y yo necesitaba escuchar que sobreviviría, a pesar del gran dolor que sentía. Desde ese momento, ella jamás me dejó sola, me dio su mano y me apoyó en todo el proceso.

Pasaron casi dos semanas desde esa noche, inclusive llegué a pensar que no se iría de la casa.

—Tenemos una historia juntos, aún hay mucho para dar. -inicié.

—¿Por qué dices eso?

—Porque los dos somos buenas personas, fieles, nobles… y nos amamos.

—No sé si eso sea suficiente. Lo mejor es que me vaya, dame la oportunidad de equivocarme y, si somos el uno para el otro, regresaremos.

Finalmente se fue de la casa con la firme decisión de divorciarse, a pesar de haberme asegurado que sí me amaba. No había una razón en concreto; lo único que podía ver, era que él estaba muy confundido y salía huyendo de nuestra relación. Se despidió de mí con un beso, como hacía tiempo no nos dábamos y mientras me abrazaba, me susurró al oído: «Eres lo mejor que me ha pasado, la mujer que más he amado y amo. Cuídate y, lo que necesites de mí, pídemelo, que no somos enemigos». Realmente creí que ahí acababa todo: a mis treinta y dos años sería una mujer divorciada.

***

Toda esta situación avivó mi más grande miedo en las relaciones amorosas: el duelo de un corazón roto.

A los catorce años tuve mi primer novio, no supe ni cómo pasó, ¡pero lo logré! Era dos años mayor que yo y vivía en un fraccionamiento vecino al mío. Creo que nos conocimos por amigos en común. Sin embargo, nuestra oportunidad de convivir se dio en un campamento de la Iglesia, al cual fueron nuestros respectivos amigos. Me llevaba súper bien con él y reía como loca cada vez que platicábamos; era muy guapo y muchas chicas andaban detrás de él, por lo que nunca lo vi como algo más.

No era muy alto, en ese entonces era de mi estatura: ojos verdes, pestañas rizadas, tez blanca, pelo chino y rubio y unos labios rojos… tan antojables, de hecho, él decía que se parecía al cantante Eminem y sí, tenía cierto parecido; incluyendo la apariencia de ser un niño rudo (unos cuantos tatuajes muy discretos, fumaba, tomaba, definitivamente no era el príncipe de mis sueños). Yo me sentía muy «equis» físicamente y, por ello, mi extrema timidez; siempre fui la más alta de todas mis amigas (por mucho), piernas largas, cero *bubbie*, creo que sí tenía aspectos que podía resaltar, pero en ese entonces no me percataba de ellos. Sin embargo, con él, las cosas se dieron diferentes. Fue durante el segundo campamento donde comenzó a pasar más tiempo conmigo y a coquetear.

—Jacquie, quiero hablar contigo —había cierto nerviosismo en su voz—, después de estos meses que llevamos tratándonos, creo que ya te habrás dado cuenta de lo que siento por ti. Realmente me encanta pasar tiempo contigo, por eso, quiero pedirte que seas mi novia.

«¿En serio me está pasando a mí? Puede elegir a alguien más y, ¿se está fijando en mí? ¿Cómo debo reaccionar?» Tantos pensamientos y emociones, todas reflejándose en mi cuerpo con manos sudorosas, el corazón en la garganta y al fin salió de mi boca:

—¡Sí, sí quiero!

—¡Muy bien! —se acercó para abrazarme e, inmediatamente después, puso su cara frente a la mía: mi primer beso estaba a punto de suceder.

Pasé varios meses en las nubes, estaba muy feliz de lo bien que nos llevábamos y mis amigas decían que envidiaban la bonita relación que teníamos. Realmente nos sentía súper conectados; me convertí en su confidente, compartía conmigo cosas de su familia, las cuales a nadie más le comentaba.

Con este noviazgo, me di cuenta de que la confianza era algo que sobresalía en mí, pues nunca me preocupé por celarlo o cuestionar si lo que me decía era verdad; me sentía bien confiando en él.

—Ya es tarde. Es hora de irnos, amor.

—Pero si aún es temprano, vamos a quedarnos un rato más.

—Me tengo que ir, y como yo te invité a la fiesta, creo que deberías de irte conmigo. ¿Te quieres quedar? –pregunté sólo por cortesía.

—Me encontré a otros amigos. Me quedo, de todas maneras tú te vas con tu amiga.

—Ok, ¡*bye*! –no podía creer que por seguir con sus *drinks*, me dejara irme sin él. Estaba furiosa, ¿qué clase de persona hace eso? ¡Sólo un alcohólico! ¿Ese es el tipo de persona que quiero a mi lado?

Al final sólo fue una discusión la cual suponía era parte de una relación. Para mí, muchas cosas eran nuevas: la odisea de buscar un regalo por su cumpleaños o porque cumplíamos meses, dejarle cartitas, vernos a escondidas –porque por supuesto nadie en mi casa sabía que andaba con él– (excepto mi mamá, pero eso no era ayuda para nada, al contrario, parecía sargento). Definitivamente, estaba aprendiendo de esta experiencia en mi vida. La historia de amor terminó seis meses después, cuando él decidió serme infiel con la novia de su hermano. Así como lo leen, justo por estar alcoholizado se «dejó llevar» (o, al menos ese fue el argumento justificante). Y ahí estaba, la primera vez que tenía el corazón roto.

Me costó tanto superarlo, me desilusioné del amor. No podía creer que él hubiera echado a perder lo padre que teníamos. Aunque me buscó e insistió para que regresáramos, yo tenía muy claro que no perdonaba una infidelidad por nada del mundo, así me muriera de amor.

***

Continúe con mi vida y, más tarde, en mis clases de inglés conocí a otro chavo, y sí, nos gustábamos, pero tenía miedo de salir lastimada –como en mi noviazgo anterior– por lo que preferí portarme como cobarde antes que lanzarme a la aventura, y lo bateé. Además, también le gustaba tomar alcohol, así que inmediatamente relacioné los *drinks* con infidelidad y me dije: «¿Para qué me meto en esos líos?». Con el tiempo comenzaron a gustarme más chicos, todos siempre guapísimos e inalcanzables para mí, pues con todos tenía el mismo *modus operandi*: Tímida a morir, por cual no me acercaba a ellos, sólo fantaseaba en mi imaginación y todos se convertían en amores imposibles. Y a aquellos que sí se interesaban en mí, los bateaba. A todos les encontraba algo, el más mínimo detalle: «Es que mide lo mismo que yo, debería de ser más alto. Sí está lindo, pero no es lo que tengo en mente», resulté súper *picky* y, gracias a eso, me pasé años sin un novio.

La etapa en la universidad no fue la excepción, también ahí fantaseaba con los chavos que me encantaban. Pero en el año 2008, algo sucedió conmigo. A partir de ese momento comencé a ser más interesante para el sexo opuesto, de repente, a donde quiera que iba, las miradas del sexo masculino se posaban en mí, incluso me hacían comentarios de lo bonita que estaba (me parecía totalmente fuera de mi realidad, pues nunca fui tan visible en mis veinte años de vida). Tuve la oportunidad de salir con un par de chicos, pero por alguna u otra razón, terminaba rechazándolos. Así que el tiempo pasaba y yo aún esperaba al príncipe que vivía en mi cabeza, el cual tenía que ser exactamente como lo imaginaba, de lo contrario, no podía ser con nadie más. Hasta que un día, esa persona llegó y no me di cuenta hasta que ya estaba irrevocable y perdidamente enamorada de él.

Por alguna razón siempre me gustaron los hombres mayores que yo, al menos dos años más grandes. Me respondía a ello creyendo que el motivo era porque los chicos de mi edad me parecían inmaduros, es decir, les encantaba la fiesta y siempre terminaban emborrachándose hasta perderse y eso seguro desencadenaba en una infidelidad; por ello, no me inspiraba fijarme en ellos. Y no creo que estuviera mal, pues al final, era muy normal que a esa edad buscaran divertirse, irse de fiesta, tomar alcohol hasta no saber quiénes eran, pero yo siempre me consideré diferente a los de mi edad, y no mal interpretemos, me divertí muchísimo, pero digamos que sin alcohol; siempre supe lo que hacía.

Así que este hombre era siete años mayor. Y él era la impresión física del hombre perfecto que había tenido en mente por tanto tiempo: alto (altísimo), guapo, inteligente, interesante, vestía bien, creyente en Dios.

—Hola, Jackie, ¿cómo estás? ¿Qué tal tu día?

—¡Hola! Todo muy bien, y tú, ¿qué tal? —cada vez que lo veía sentía las famosas mariposas en el estómago, se dibujaba una gran sonrisa en mi cara y, por supuesto, los nervios estaban a flor de piel. Estoy segura de que él podía olerlo.

Las pláticas se iban haciendo constantes y empezamos a conocernos más. Después de varios meses, me di cuenta de que lo que sentía iba más allá de un simple gusto. Estaba tan estúpidamente enamorada que no podía dejar de pensar en él. Una vez, mientras estaba en mis prácticas profesionales, sola en la oficina, me reía de la nada sólo acordándome de él. ¿No es esa la prueba más tonta de que estás en enamoramiento total?

Esta vez no busqué el amor, simplemente se dio. Yo no lo idealicé, fue real: alguien a quien pude conocer, con quien platicaba de verdad, con quien ni siquiera me esforcé porque me viera, sólo pasó. Sin embargo, nada podía pasar porque él tenía una relación, y yo ya no quería seguir en ese juego pues sabía que iba a salir lastimada. Finalmente, un día decidí hablar de frente con él sobre lo que sucedía y poner punto final: ya no más pláticas, no más indirectas y no más: «Disfruto del aroma, pero sin probar el vino».

–Necesito hablar contigo –mis manos sudaban cual agua en cascada y no imaginaba muy bien cómo iba a resultar la conversación–. Ambos sabemos que las indirectas se tratan de nosotros y debemos parar por el bien de los dos. Y por eso, tomé la decisión de alejarme de ti.

–Es cierto, este juego es tonto. Y para ser honesto, me siento muy confundido porque se supone que amo a mi pareja, pero tú has despertado sentimientos en mí y no es correcto.

–No sé qué decir, es más, no pensé que sintieras de verdad algo por mí. Lo lamento, nunca pensé que esto se me fuera de control, emocionalmente hablando.

Una parte de mí, procesaba que ese hombre ideal pudo haberme correspondido. ¿Debería alegrarme? No lo creía, me ponía muy triste saber que pudo ser y, a la vez, nunca debió ser. Eso me hizo sentir mal. Sé que nadie podrá entender que nunca quise causar confusiones y mucho menos llegar a lastimar (si es que eso sucedió). Sentía culpa, estaba avergonzada por haberme enrollado en un sentimiento imposible, por haber sido egoísta y sólo considerar mis sentimientos. Decidimos dejarlo así, tal vez como un amor inconcluso. Por supuesto que, una vez más, tenía el corazón roto y esta vez creo que era más mi responsabilidad. Me costó sacarlo de mi corazón, corté comunicación con él y seguí con mi vida.

Y ahí estaba mi miedo al duelo haciéndose presente una vez más después de tanto tiempo; ese dolor inmenso que sientes cuando te destrozan el corazón y quedas desgastada como una ola en el mar: primero te lleva a lo más alto y después te hunde en lo profundo. ¿Qué podía esperar tras una relación de ocho años, tras diez años de conocerlo y haber decidido casarme con él y vivir los mejores y peores momentos? No estaba lista y no estaba dispuesta a pasar años sufriendo por mi sueño roto. «No voy a poder sola, esta vez necesito ayuda profesional. No quiero que este dolor se prolongue».

El principio de todo

«Te sobraron palabras,
pero te faltó corazón para ser lo que decías».

Nicolás Andreoli

–¿En qué te puedo ayudar?

–Mi esposo me pidió el divorcio y no sé qué hacer –respondí inundada en un mar de lágrimas y casi sin poder hablar.

–Entiendo, cuéntame.

Y desde esa ocasión, inicié un viaje de sesiones de terapia con Adri. Recuerdo muy bien que, casi inmediatamente después de que él me pidiera el divorcio, conseguí el contacto de la psicóloga que había trabajado con mi amiga Samantha. Nunca creí en las terapias, pues siempre pensé que uno mismo puede salir adelante, sólo es cuestión de automotivarse, pero en ese momento le hice caso a mi intuición. «Sola no puedo».

En ese viaje de terapia descubrí tanto de mí, que hubo un momento en el cual sentía que todos los «veintes» me caían como balde de agua fría.

–No entiendo qué pasó. No sé por qué me pide el divorcio de un día para otro, por qué dice que no me ama y luego sí. Desconozco cuál es el motivo real del por qué me voy a divorciar.

–Continúa –comentó Adri.

–Yo era inmensamente feliz, me sentía bendecida, tenía una relación perfecta. Nos llevábamos muy bien, no éramos celosos, nos respetábamos, nos amábamos... hasta ese catorce de febrero del 2018, cuando me dijo que no era feliz. En ese momento sentí que rompió mi burbuja de felicidad, en la cual estaba flotando en lo más alto del cielo y caí al suelo, al concreto, así, sin avisar y sin protección alguna. El golpe duele demasiado.

–¿Catorce de febrero del 2018?

–Desde ahí todo cambió....

***

Nosotros no acostumbrábamos celebrar como tal el día del Amor y la Amistad, pero regularmente íbamos a cenar algo casual. Ese día decidimos pasar por cena y comer en el coche, estacionados frente a un parque, bajo la luz de la luna y, de repente, salió de su boca la frase que me estremeció por completo, pues no daba crédito a lo que escuchaba:

–¿Sabes?, no soy feliz –dijo él. Lo miré y le pregunté desconcertada:

–¿Cómo dices?

–No soy feliz, siento que me falta algo; no sé hacia dónde voy, tengo necesidad de trascender... –él continuaba hablando y yo, en pausa, mi corazón latía muy rápido y las palpitaciones eran tan fuertes que podía escucharlas dentro de mi cabeza. Inmediatamente comencé a llorar.

–Pero, ¿por qué lloras? Si no es por ti, es por mí; es algo mío, y aún no sé qué es –me dijo mirándome preocupado y a la vez un poco molesto.

–Lloro porque no puedo creer que la persona que amo, la persona que está a mi lado, me diga que no es feliz y yo no me haya dado cuenta. ¿Cómo es posible que me sienta tan inmensamente dichosa y mi esposo no? ¿Cómo no me di cuenta?... Pero si dices que es algo personal, te apoyo. Dime cómo te ayudo –le dije de una manera casi desesperada, lo que menos quería era que no fuera feliz.

–Nada puedes hacer, es un tema mío el cual tengo que trabajar, en cuanto descubra qué me tiene así.

Después de esa noche nada fue igual. Todo cambió, aunque él dijo que era un tema personal, parecía que era conmigo. Dejó de contarme sus cosas y su día a día, daba la impresión de que mi presencia le incomodaba, que le desesperaba explicarme algo o hablar conmigo e incluso mis opiniones eran ignoradas. Dejó los detalles a un lado: dejó de ser caballeroso, de abrirme la puerta, tomarme la mano ya no era su iniciativa. Salir a algún restaurante a comer era una tortura para mí, el silencio que había entre los dos era demasiado incómodo. Inclusive, hablar con un extraño me parecía mucho más reconfortante, ya no teníamos plática. Él no quería compartir nada conmigo. Me sentía excluida.

***

Casi un mes y medio después, teníamos programado nuestro viaje de aniversario número tres en una playa paradisíaca: Punta Cana. Realmente era el lugar de mis sueños: el mar con un agua cristalina, tan transparente como el azul del cielo en los días de verano; el hotel con alberca propia en la habitación; un ambiente muy tranquilo y romántico... Teníamos todo para celebrar nuestro amor. El problema era que ya no sentía ese amor, yo ya no sentía su amor. Ese viaje se convirtió en el peor de toda mi vida, ahí confirmé que no estaba loca, él realmente me ignoraba y era indiferente. No podía creer que, estando en un lugar tan hermoso, llorara mientras me sumergía en el mar y me alejara de la orilla para desahogarme sin que nadie me viera. Mi emoción verdadera siempre fue de tristeza. Me dolía tanto ver que, cada vez que me acercaba a él, ya fuera para abrazarlo, cuando nadábamos, hasta por lo más mínimo, siempre terminaba alejándose de mí. Claramente me evitaba.

Entonces, me sentí lastimada por su comportamiento. Lo único que pensaba era: ¿qué le hice para que me trate así? Por lo que decidí tratarlo como él a mí: dejé de contarle mi día, mis planes, comencé a ser indiferente. A veces, sólo para confirmar que no estaba loca, ponía «pruebas». Por ejemplo: cuando salíamos, no le tomaba la mano y observaba cuánto tiempo pasaba para que él lo hiciera; mi sorpresa era que no sucedía hasta que yo lo hacía (teoría confirmada).

Y entonces, los dos nos sumergimos en actitudes que, más que acercanos, nos alejaron. Tanto fue así, que cuando lo operaron de emergencia y yo estaba en Canadá por trabajo –tengo que ser honesta–, no sentí la necesidad de salir corriendo a su lado. Me preocupé, sí, pero los meses anteriores él se había dedicado a hacerme saber con sus acciones que no me quería cerca y prefería a otras personas. Finalmente, me dijo que mi regreso no era necesario, que sus amigos ya se habían organizado. Vaya, ¡cómo cambia la historia!, esa persona con quien siempre quise estar, aquella con la cual deseaba pasar mis fines de semana, ahora, ni siquiera me nacía cuidarlo.

El amor de mi vida

Remember those walls I built?
Well, baby they're tumbling down
And they didn't even put up a fight
They didn't even make a sound
It's like I've been awakened
Every rule I had you breakin'
It's the risk that I'm taking
I ain't never gonna shut you out!
I swore I'd never fall again
But this don't even feel like falling
Gravity can't forget
To pull me back to the ground again

Halo
Beyoncé

Una vez egresada de la Licenciatura, en el año 2010, conseguí trabajo como *trainee* y luego fui contratada como empleada formal sin saber lo que venía, y no hablo profesionalmente. Esta nueva persona en mi vida era lo opuesto a lo que yo tenía en mente. Si me hubieran dicho que me iba a enamorar de él, jamás se los hubiera creído. Pero la historia no fue tan rápida. Cuando nos conocimos, cada uno tenía su vida: él tenía novia y yo regresaba a mis andadas de fantasear con algún chico que me fascinara. Lo que sí, es que hicimos muy buena química: él como mi jefe y yo como su subordinada. Todos en el equipo nos llevábamos súper bien, éramos más allá que compañeros y nos considerábamos amigos; a pesar de que era la más chiquita de edad, nos integramos perfecto: hacíamos reuniones fuera del trabajo, viajábamos juntos a conferencias, podría describirnos incluso como un equipo muégano, siempre nos apoyamos unos a otros de una manera muy genuina. ¡Me encantó mi primera experiencia formal de trabajo!

Sin embargo, fue hasta que él salió de esa empresa cuando comenzamos a tratarnos diferente, casi dos años después; bueno, él empezó a tratarme diferente. Cabe aclarar que para ese tiempo, él ya llevaba varios meses sin pareja. Cuando empezó a buscarme, en mi gran inocencia, pensé que era como amigo.

—Qué bueno que pudiste venir a la fiesta. Me dio mucho gusto verte.

—Gracias, me divertí mucho; tu disfraz está padrísimo.

—Qué bien, Jacquie. Nos hablamos después.

Extendió su mano y me entregó una nota: «Jacquie,

quiero decirte que eres una gran persona y has sido una muy buena amiga, me encanta como te ríes, como caminas, como corres. Me gusta disfrutar de tu presencia y tus pláticas con tanto detalle. Y no sé cómo ha pasado, pero estoy comenzando a sentir por ti algo más que una amistad y me gustaría me dieras la oportunidad de tratarte de otra manera».

Me sentí halagada y a la vez nerviosa, no quería perder a mi amigo, pues estaba segura de que no pasaría nada más allá. Desde ese momento, comenzó a cortejarme: detalles, notas, invitaciones a comer, flores, etc. Realmente puso «toda la carne al asador» para conquistarme. Era muy bueno con sus palabras al momento de escribir, sabía muy bien lo que yo quería escuchar, estudió mis gustos y, de esa manera, se comunicó conmigo. Se portaba caballeroso y me encantaba su forma de vestir. La verdad, me sorprendió mucho y comencé a pensar en serio el verlo diferente.

«Decidí entregarte esta carta hoy, veinticuatro de diciembre, tal vez es la temporada pero quisiera expresarte lo que pienso: Creo que ambos somos buenas personas y en busca del amor. Estoy seguro de que puedo ofrecerte lo que quieres. Te prometo que te cuidaré, te respetaré y te querré. Sólo dame la oportunidad de demostrarte que soy el hombre indicado para ti. Por favor, en cuanto estés lista, dime qué piensas».

A partir de ahí y dos semanas después, sólo pensaba y pensaba en esa respuesta. Estaba indecisa porque tenía muy claro que lo quería mucho, me divertía con él, reíamos mucho y nos llevábamos muy bien. Así que hice una lista de pros y contras, el lado de los pros era muy largo, había escrito varios puntos. El lado de los contras eran dos puntos: uno, la estatura; no era más alto que yo, éramos prácticamente de la misma estatura y dos, era mucho mayor que yo. Si lo ponía en una balanza, todo indicaba que podía darle una oportunidad, pero aún no estaba segura. Hasta que él se desesperó y un once de enero del 2012, me dijo:

—Jacquie, ¿quieres ser mi novia?

—Tengo miedo.

Mi miedo era por los dos contras de mi lista, especialmente por su edad, aunque ya lo conocía y sabía la persona que era, al final su edad y el estar divorciado, por supuesto que lo hacían estar a la delantera de mí versus nula experiencia amorosa. Pero creo que mi miedo estaba fundamentado especialmente en que fuera a romperme el corazón. Sin embargo, quise dejar a un lado mis inseguridades, darle la oportunidad a alguien que, además de ganarse mi corazón con tantos detalles, realmente me hacía sentir muy bien y me encantaba la persona que era.

—Sí —dije finalmente.

***

Y así, llegó diciembre del 2018. Sentía que me ahogaba en mi casa. Incluso notaba estar más feliz fuera de ella, ya que cada vez que tenía que pisarla, me estresaba al saber que ahí estaría él, tan indiferente conmigo, que encontraría a ese esposo, que no era con quien me había casado y esa realidad me hacía experimentar la mayor tristeza. Hogar dulce hogar, para nada era así. Pero, si yo lo amaba tan profundamente, entonces, ¿por qué estábamos en esa situación? Definitivamente teníamos que hablar, no quería pasar Navidad con nuestras familias y llegar como la pareja en que nos habíamos convertido.

–¿Qué está pasando? No me siento feliz con la pareja que somos. Se suponía que tenías algo personal y lo único que hiciste fue mostrarme que soy yo. ¿En realidad lo soy?

–¿Sabes?, creo que tenemos metas distintas. Yo quiero tener hijos y tú no. Sé que al principio yo también dije que no, pero ahora sí, y no es tu culpa –me dijo con un tono despreocupado.

–Nunca has hablado de eso conmigo; estás decidiendo por mí. ¿Por qué ni siquiera te das la oportunidad de saber qué pienso al respecto?

–¿Vas a cambiar de opinión? ¿Me vas a dar un hijo?

–No ahora, no como estamos en este momento de la relación. Pero sí considero que eso es una decisión de ambos.

–Creo que tenemos metas distintas –insistió.

Esa conversación sucedió cuatro días antes de Nochebuena, y yo estaba destrozada, él había decidido por mí que no estaba dispuesta a tener hijos.

–Nos vamos a Jalisco el sábado temprano –me confirmó.

–Yo no voy.

No estaba de ánimo para ir a festejar Navidad ni Año Nuevo, y mucho menos para amargar las festividades de mi familia viéndome triste y sin ganas de nada. Sin embargo, él sí se fue el sábado por la mañana. Yo me quedé en nuestra casa, llorando por todos los rincones. Al día siguiente, domingo, me escribió un largo WhatsApp. Como siempre, él sabía lo que yo quería escuchar. Debí saberlo desde ese entonces, para no volver a caer en su juego de palabras:

«¿Sabes?, he estado pensando mucho en ti, tenemos tanto por delante. Estoy seguro de que te amo, eres la mujer de mi vida y quiero estar contigo para siempre. Te extraño y me gustaría que estuvieras aquí. Te amo. Podemos hablar el tema de los hijos después, no es algo que nos impida seguir juntos. Por favor, ven».

¡Parecía tan romántico después de esa declaración! Nos encontraríamos y finalmente pasaríamos las fiestas decembrinas juntos y con nuestras familias. Sin embargo, esa ilusión duró poco. Al día siguiente, seguía siendo el mismo; tan indiferente y distante... y así se comportó el resto de los días. Decidí no enfrentarlo, pues, en primera instancia yo había elegido no ir para que nadie me viera triste; así que me aguanté y tuve que hacer como si nada pasara durante todos esos días.

***

–¿Qué es lo que te duele? ¿Qué es lo que pasa por tu mente cuando sientes ese dolor? –dijo Adri.

–Me duele que mi amor se esté manchando con todo lo que sucede y ya no sea tan perfecto. Que mi sueño de casarme con un hombre y envejecer juntos se desvanezca, que: «el para siempre felices», no se dé.

–Eso suena como una película de Disney, ¿no crees? Sabes que el amor no es perfecto, no todo puede ser felicidad siempre, pues la vida tiene ambas partes: la felicidad y los momentos difíciles.

Fue cuando, por primera vez, descubrí que me empeñaba en vivir un sueño de princesa, ese en el que espera a ser rescatada posterior a haberse portado tan bien. Después de sufrir por otros amores, por fin había llegado su príncipe a ofrecerle todo el amor verdadero y eterno. Pero Adri tenía razón, una relación no podía estar basada en una fantasía, una relación es una realidad, con sus altas y sus bajas, con paciencia, con compromiso de ambas partes.

−¡Pero yo no soy una persona codependiente!, mucho menos tengo una relación de esa manera. Te voy a dar un ejemplo, si él me hubiera agredido físicamente, lo dejaría de inmediato, hasta lo demandaría, por lo que no soy codependiente −dije casi impactada por descubrir que mi concepto de dependencia no era tal cual yo lo conocía.

−Si dices que no sabes nada de los servicios de la casa, pues él resuelve todas tus necesidades; que no tienes amigas; que dedicas todo tu tiempo y deseos a estar sólo con él, y ahora que él dice que se va, tú no sabes en dónde estás parada porque no sientes el piso para sostenerte; entonces, ¿no es eso un tipo de codependencia?

Los años maravillosos

Dear my love, haven't you wanted to be with me
And dear my love, haven't you longed to be free
I can't keep pretending that I don't even know you
And at sweet night, you are my own
Take my hand.
I have dreamt of a place for you and I
No one knows who we are there
All I want is to give my life only to you
I've dreamt so long, I cannot dream anymore
Let's run away, I'll take you there.
We're leaving here tonight
There's no need to tell anyone
They'd only hold us down
So by the morning's light
We'll be halfway to anywhere
Where no one needs a reason.
Forget this life
Come with me
Don't look back, you're safe now
Unlock your heart
Drop your guard
No one's left to stop you.

Anywhere
Evanescence

Los primeros meses de noviazgo fueron difíciles por circunstancias ajenas a nosotros, de repente, parecía que teníamos todo en contra, aparecían obstáculos y reacciones de personas que pensé me apoyarían.

–Creo que no debiste decirle que sí –dijo mi «mejor amiga»–. Todos creemos que él no es para ti. Es mucho mayor que tú, sólo jugará contigo...

–¡Basta! –la interrumpí–, me parece increíble que hables así de él. Lo conoces, sabes la clase de persona que es. Lástima que ni a ti, ni a los demás, les parezca, pero a mí sí.

En el fondo, creo que era muy válido que, ante los demás, la diferencia de edad pudiera verse como un gran tema. Pero eso no les daba derecho a ir en contra de mi decisión. Me dolió mucho que tuviera que cuidarme de la persona a quien veía como una hermana.

–Mira, Jaqueline, tú no te das cuenta de las cosas, pero un hombre como él no puede ofrecerte algo de verdad. Lo único que busca es divertirse contigo y después seguirá su camino y, a ti, nadie te tomará en serio.

¿De qué me estaba hablando?, si al principio me había dicho: «Si te sientes bien, pues adelante, es tu decisión».

–Sólo eres una niña tonta que está cayendo porque le hablan bonito –continuó mi mamá con sus «argumentos».

–Ni siquiera te has dado la oportunidad de conocerlo y ver por ti misma si es como crees –reclamé.

–Yo no te apoyo en esa relación.

Lamentablemente, mi «mejor amiga», no sólo buscó que nuestro círculo se pusiera en mi contra, sino también lo hizo con mi mamá. No me quedó de otra más que andar a «escondidas», aunque tampoco por mucho tiempo, pues no era una niña de doce años como para ocultar a mi novio, así que, les gustara o no, anduve con él.

***

Algunas semanas después de hacernos novios, él encontró trabajo en otra ciudad que estaba a tres horas de donde yo vivía, por lo que nos veíamos al menos dos veces por semana. Él hacía todo lo posible por no faltar los días acordados, alguna vez se quedó sin su coche por una falla técnica y pidió uno prestado; podía llover o temblar, pero siempre llegaba. Los días que no nos veíamos, hablábamos horas larguísimas por teléfono, yo le contaba cada detalle de mi día y a él le encantaba escucharme.

La primera vez que salimos como novios fuimos a comer y, al bajarme del coche y caminar juntos, sabíamos que queríamos tomarnos las manos, pero al mismo tiempo, el momento se sentía raro pues empezábamos a tratarnos como pareja después de ser amigos por dos años; sólo sonreímos y finalmente lo hicimos. Jamás hubiera imaginado que ese tacto sería adictivo para mí y difícil dejar de sentir su piel. Esos primeros meses de nuestra relación fueron totalmente para descubrirnos, para conocernos como pareja: ambos éramos detallistas; disfrutábamos cada minuto juntos, platicábamos muchísimo, en fin, sin duda, vivíamos la etapa del enamoramiento.

Profesionalmente, había tomado la decisión de renunciar a mi trabajo pues los cambios que habían hecho en la estructura de la empresa no me hacían feliz, pero no sólo pensaba en irme de ese trabajo: deseaba mucho más.

–Este es mi plan, quiero ir a estudiar inglés a Canadá y, al regresar, deseo buscar trabajo en Querétaro y empezar mi vida ahí.

No estaba segura de cómo respondería, pero estaba segura de mis metas; llegó a pasar por mi mente que, si él no quería mudarse, entonces lo mejor sería terminar; al final, sólo llevábamos dos meses saliendo, aún estaba a muy buen tiempo de definir nuestros destinos.

–Me parece excelente idea. Querétaro es muy bonito, ¡me encantaría vivir ahí!

***

Cuando me fui a Canadá, teníamos tres meses de novios, por lo que, aquellos detractores de nuestra relación, estoy segura de que se alegraron mucho de mi partida, pensando que lo olvidaría. Lo que no sabían era que, a pesar de la distancia, nuestra relación se hacía más fuerte. Así que no, no nos alejamos y a mi regreso seguimos con los planes: una nueva aventura en otro Estado. Mi decisión de salir del entorno en donde siempre viví se debió a mi necesidad por aprender a vivir sola, a cocinar, a ver por mí y mis cosas, sin sentir que mi mamá siempre estaría para resolver y, también porque quería hacer una nueva vida con amigos que de verdad me apoyaran y donde pudiera ver a mi novio sin necesidad de esconderme. Y así fue, mi plan seguía avanzando, conseguí trabajo dos meses después de haber regresado de Canadá.

Empezaba mi nueva etapa, renté un departamento para mí. Él me ayudó en todo ese crecimiento, tanto personal como profesional, siempre estuvo a mi lado, al pendiente para darme consejos y apoyarme... y yo ya estaba muy enamorada de él. Vivimos cosas muy divertidas, nos reíamos mucho, nos encantaba viajar y nos gustaba conocer lugares. Desde entonces, a mí no me interesaba hacer amigos, sólo esperaba ansiosa para pasar mi tiempo libre con él.

Para ese entonces, en mi familia ya sabían que él también estaba en Querétaro. Con el paso del tiempo mi mamá lo fue aceptando, así como el resto de mi familia. Todo iba saliendo muy bien.

Conseguí un mejor empleo luego de dos años y, prácticamente en esa etapa, comenzamos a vivir juntos. Supongo que mi familia lo sabía, y sé que para mi mamá eso era demasiado fuerte, pero también creo que nadie cuestionaba ya nada porque me veían inmensamente feliz. Vivir juntos era como llevarlo en un tatuaje, me sentía fascinada de poder dormir y despertar junto a él, de gastar mi vida cada minuto con él, ansiaba verlo después de ocho horas de no haber estado a su lado. Nos organizamos también en las labores de la casa: para cocinar, lavar, y sobre todo, los dos éramos extremadamente ordenados y limpios, así que nunca pasó por mi mente la frustración que algunas veces dicen se siente cuando te estás acoplado con tu pareja al convivir bajo el mismo techo. Todo seguía saliendo bien.

Y así pasaron casi tres años de noviazgo; cada día, confirmaba que mi decisión de haberle dicho que sí a ser su novia fue la mejor, había conseguido estar con un hombre maravilloso a mi lado, con un grandioso compañero, era muy, muy feliz. Y saber que todo eso me pasó cuando decidí hacer a un lado mi miedo, el miedo a que me rompieran el corazón, ¡qué bueno que lo había hecho!

Entonces, ahí estábamos un veinticinco de diciembre del año 2014, por supuesto que pasábamos esas fechas cada uno con sus respectivas familias. Pero esa noche regresamos de cenar y, cuando iba a dejarme en casa de mis papás, decidió estacionarse una cuadra después. Era una noche lluviosa, típica de esa temporada. Empezamos a platicar dentro del coche:

—Quiero decirte que me haces muy feliz y todo este tiempo juntos han sido los mejores años de mi vida. ¿Puedes cerrar los ojos?

—Ok —y honestamente no tenía idea de lo que estaba planeando.

—Extiende tu mano... ¿Te quieres casar conmigo?

Abrí mis ojos y vi un hermoso anillo acompañado de un ramo de rosas rojas, por un momento no di crédito a lo que veía, no lo esperaba en absoluto y a la vez me sentía emocionada. Nunca pensé que me pasaría a mí. Desde mis fallidos amores de fantasía, había decidido que no me casaría y sería exitosa profesionalmente, pero sola. El ambiente de una noche fría y húmeda, el mismo lugar donde tres años antes me había pedido que fuera su novia.

—Sí, sí quiero —dije súper emocionada, cerrando con un beso.

***

Pidió mi mano formalmente en la cena del treinta y uno de diciembre; su familia y la mía juntas. Lo primero que preguntaron fue: ¿para cuándo la boda? Mi cuñada, la esposa de mi hermano, estaba embarazada de mi segundo sobrino, así que casi planeamos la fecha considerando que ella pudiera viajar pues, por supuesto, me casaría en Querétaro. Sería en junio del 2015, y se me hacía eterno, por mí, me hubiera casado dos meses después de que me entregó el anillo, pero claro, había que planear y seguir ahorrando.

Confiamos nuestra boda a un *wedding planner* originario de Jalisco, él iba los fines de semana para organizarlo todo; dábamos un *tour* a salones de fiesta, banquetes, planear la temática, el color, etc. Nuestro gran lema para la boda era: «Sencillo pero elegante». Gracias a Dios que alguien se encargó de todo eso, pues en esa época me habían enviado –por parte del trabajo– a Monterrey por tres meses y cada fin llegaba a Querétaro. Debo confesar que, en todo ese proceso con el *wedding planner,* no me sentía tan involucrada en los detalles. Quiero pensar que fue porque siempre consideré que no era muy creativa así que, lo que el *planner* decidiera, estaba perfecto, pues además, ya conocíamos su trabajo y su gusto en los eventos era excelente. Sin embargo, hubo sólo una cosa en la que sentí que la vida se me iba de tanta emoción: el vestido de novia.

–No tengo idea de cómo es todo este proceso. ¿Cuánto debería costar un vestido de novia? ¿Tendré que hacer cita para visitar la tienda? ¿Cómo se…?

–Tranquila –interrumpió mi amiga, que por cierto, era aquella mejor amiga detractora quien ahora ya había aceptado la relación–. Vamos a las tiendas y ellos nos guiarán.

Aquella primera tarde de búsqueda alcanzamos a ir sólo a dos tiendas. En la segunda, sentí que ya había encontrado el vestido, de hecho, ya había confirmado que ese era el ganador y le hablé a mi mamá, pues quería que, antes de comprarlo, me diera su opinión. «Parecía que era más difícil de lo que pensaba». A mi mamá también le fascinó el vestido, pero a mí ya no me encantó, de repente se me hizo muy simple y no me convencí. Así que decidí que no era el indicado.

Mi mamá sólo iba por unos días y yo no encontraba nada que me gustara; mi amiga también se fue. No dejaba de buscar vestidos en internet, tiendas, fui hasta a otras ciudades, es más, hacía citas e iba a probarme los vestidos, algo que jamás pensé haría sola. Me probé de todas las formas y estilos, todos eran vestidos preciosos, pero no eran: «mi vestido». Leía artículos, les preguntaba a compañeras que ya se habían casado sobre: ¿cómo sabían cuál era su vestido de novia? Y la respuesta era simple y confusa para mí: «Sólo lo sientes, sientes cuando es tu vestido».

Mi gran sorpresa fue que así pasó, tal cual, sólo lo sentí. En esa ocasión me acompañaron una tía y una prima, elegí ese vestido por curiosidad y cuando me lo vi puesto, mi corazón latió rápido y sentí una emoción inmensa.

—¡Este es mi vestido, ¿qué opinan? ¿Les gusta? —grité inmediatamente.

—¡Sí!, está muy bonito.

El día de la boda llegó, nunca me gustó ser el centro de atención, inclusive por ello no quise que me hicieran fiesta de XV años. Sólo que en esta ocasión seríamos dos personas el centro de atención y eso lo haría más fácil.

—¿Cómo vas con tus votos? —pregunté a mi prometido.

—Apenas los voy a escribir, así que déjame concentrar.

—Yo también haré lo mismo. ¿A qué hora te irás al hotel?

—Tal vez como a la una, y así te dará tiempo de recibir al fotógrafo y al resto del equipo que te ayudará a arreglarte.

***

Como toda boda, siempre sucede algo que te pone los nervios de punta y la mía no fue la excepción; mi maquillista llegó ¡una hora tarde!, y después de mí, seguían mi mamá y mi cuñada, por ende, yo ya tenía media hora de retraso para la recepción. Pero, a pesar de los contratiempos, todo iba saliendo muy bien.

Mi boda fue muy diferente a las tradicionales, pues como él ya se había casado por la iglesia anteriormente, la mía fue por el civil, pero decidimos agregar un toque religioso con un ritual. El lugar estaba perfecto, fue en un jardín con terraza: engalanado con mi color favorito que es el morado; los arreglos de flores y centros de mesa lucían preciosos: diferentes tamaños, elegantes y delicados, vestidos con cristalería; la mesa de dulces, el spa para niños, la alberca con las luces en el interior que semejaban un ambiente romántico en la noche (como velas); nuestra mesa de novios era perfecta; la música, los globos de Cantoya y ver a nuestras respectivas familias: tíos y primos que venían de otros estados y habían decidido viajar para compartir ese momento con nosotros.

Nuestro primer baile como esposos con la alberca detrás y, la gran sorpresa para mí, fue el inicio repentino de los fuegos artificiales: era un sueño de princesa. Esa noche olvidé que era el centro de atención y disfruté al máximo, bailé como nunca, estábamos muy felices, me sentía extasiada de tanta emoción en el cuerpo y, aunque llovió muchísimo, eso no detuvo la fiesta y lo bien que la pasamos. Todo estaba perfecto. No pudo ser mejor, la fiesta había sido sencilla pero elegante. Sin lugar a duda, fue el mejor día de mi vida.

Muchos nos decían, como parte de sus consejos, que el primer año de casados era el más difícil, aunque claro, tal vez no aplicaba tanto pues ya estábamos viviendo juntos desde meses atrás, pero, aún así, para mí fue un primer año maravilloso. Me encantaba la dinámica que teníamos, realmente sentía que éramos una pareja única, esas de una en un millón; no discutíamos, siempre éramos muy respetuosos de nuestras diferentes formas de pensar, y cuando llegábamos a molestarnos –lo cual sucedía como las estrellas fugaces–, inmediatamente uno de los dos reaccionaba y con mucho cariño lo solucionábamos.

Lo único que nos importaba era no desperdiciar el tiempo en enojos y estar bien el uno con el otro. Para mí, eso era una gran diferencia con el resto de las parejas. Aunado a que había una confianza absoluta por parte de los dos, no celos, no dramas, ser nosotros mismos y convivir con más personas sin necesidad de sentir peligro por perdernos. Acordamos celebrar nuestro aniversario cada año con un viaje. El primer año fue realmente maravilloso, todo seguía saliendo bien.

***

Y así, llegó un segundo año de casados, ya con dos perros; realmente invertimos en su educación y nos involucramos con ellos. Esos dos labradores fueron muy afortunados al elegirnos como familia, o tal vez, nosotros lo fuimos. En ese segundo año, pasamos tantas cosas: convivencias familiares, viajes, fiestas, siempre estábamos juntos, parecía que hacíamos todo bien. Mi burbuja de felicidad crecía y crecía, me sentía bendecida, inmensamente feliz. No necesitaba nada, ni a nadie más, porque tenía todo y más de lo que podía imaginar: Mi sueño rosa, mi sueño de princesa, mi príncipe azul, mi compañero de vida, un esposo. Para mí, él era amor verdadero, puro, sin posesión, de confianza, respeto, admiración, cariño; ese amor que nos haría envejecer juntos. En esos dos años de casados, seguía convencida de que haber dicho «sí» era lo mejor que nos había pasado. Hasta ese momento, él era la mejor parte de mi vida.

Literalmente estaba en el séptimo cielo, viviendo una felicidad increíble... pero, nunca me percaté de que él no estaba en ese mismo cielo junto a mí y fue cuando la nube se desvaneció. El 2018 ya no fue como los años anteriores, parecía que me había dado un golpe en la cabeza y se había borrado lo maravilloso vivido con él en todos esos años, porque, si bien, iniciaba mi tercer año de casada, no olvidemos los tres años de noviazgo.

El regreso

I told you how you hurt me baby
But you don't care
Now I'm crying and deserted baby
But you don't care
Ain't nobody tell me this is love
When you're immune to all my pain
You don't care, well, that's OK
Ever since you knew your power
You made me cry
And now every time our love goes sour
You won't sympathize
You see these tears falling down to my ears
I swear you like when I'm in pain
I try to tell you all my fears
You still don't care, that's OK.

I care
Beyonce

Cómo olvidar su carta de veinticinco páginas en la cual describió tan bien nuestra historia de amor, recordó cada detalle y finalmente me dijo lo que quería escuchar:

«Llegó el catorce de febrero del 2018, no pude ser más idiota y haber elegido un día que nunca olvidaremos. Te dije que no estaba bien, creí que pasaría, pero no fue así. En mi insatisfacción creo que te hice mucho daño, creo que te hice sentir que no te admiraba, que no me importabas y, seguro aún sin decírtelo, que no te amaba… Sabes que no es así, nunca he dejado de admirarte y darme cuenta de que eres una gran y hermosa mujer. El veintitrés de diciembre del 2018, te pedí que fueras a Jalisco porque te extrañaba, pero aún estaba en mi crisis y no fui capaz de reaccionar. Creo que volví a hacerte daño… estaba jodiendo a la persona que más he amado en mi vida. Sé que, al pedirte el divorcio, corro el riesgo de que «el café se enfríe», pero no tengo derecho a estar contigo y hacerte sufrir. Estos días lejos, me han dejado ver que sí quiero que tú seas la primera opción para compartir mi vida, sí te amo, nunca he dejado de hacerlo, sólo que dejé de entenderme y necesitarme. Perdóname, sé que en algún momento la volveré a cagar de otra manera, pero necesito saber si aún quieres y estás dispuesta, pues creo que podemos recuperar lo nuestro y crecer como pareja. No sé cuántas hojas escribí, pero sí tenemos una historia juntos, una linda historia, una canción en tus palabras… somos diferentes. Si aceptas, sólo dime un sí».

Y cómo no iba a regresar con él ese marzo del 2019, tres meses después de que me pidió el divorcio. Esa carta era música para mis oídos, por fin reconocía lo bueno de nuestra historia, que me amaba, que aún teníamos mucho por qué luchar. Por ello, decidí darle otra oportunidad a nuestro amor y luchar y poner todo lo que tenía para salvar nuestro matrimonio.

***

Una vez que fui consciente de esos detallitos, comencé a trabajar en mí, a proponer, a ser más proactiva en la relación. Si él decía que me amaba, entonces valía la pena luchar, ¿no? Pasé por mucho autodescubrimiento, fue como si me quitara una venda de los ojos para darme cuenta de cómo estaba actuando, creyendo que lo hacía «en el nombre del amor». Pensaba que, por el sólo hecho de sentir que lo amaba inmensamente, era suficiente para salir adelante, pero tuve que pasar por el dolor de una introspección y escarbar, aunque sintiera la herida expuesta. Sin embargo, fue satisfactorio ver cómo iba avanzando: descubrir que ahora tenía la oportunidad de hacer las cosas diferentes desde mi mejor versión. Y fue por ello por lo que decidí luchar por mi matrimonio, pues necesitaba saber que había dado todo antes de rendirme y, si esto no funcionaba, no quería tener que decirme: «¿Y si lo hubiera intentado?». Así que, a pesar de que las cosas que él pedía me parecían totalmente opuestas a ser un matrimonio más cercano: cedí, estaba convencida de que quería intentarlo y, al mismo tiempo, también quería tomar la iniciativa en la relación para mejorar.

Terapia de pareja.

Yo propuse y busqué a otra psicóloga; a pesar de que fue uno de los principales acuerdos cuando decidimos regresar, parecía que él sólo iba para que yo no dijera que no quiso hacerlo, sólo iba de cuerpo, pero nunca estaba presente. No hablaba mucho, no aportaba desde el fondo de él, no era sincero, seguía diciendo que la relación tenía detalles, pero no era para tanto. Llegué a sentir que íbamos a la escuela, donde sólo estudiabas para el examen, en este caso, cumplíamos con los ejercicios que nos dejaba la psicóloga, pero en realidad no estábamos trabajando desde la raíz y, saliendo de terapia, no volvíamos hablar del tema hasta que regresábamos a la siguiente sesión. Y él no quería trabajar.

—No estamos tan mal como crees, la terapia no es necesaria. Hoy somos lo que somos y esa es nuestra realidad —fue parte de su gran *speech*.

—Y si no estamos tan mal, ¿entonces, por qué me pediste el divorcio?

El Silencio total fue su respuesta, y debí saber que, de ahí en adelante, eso sería lo único que obtendría de su parte.

Tomé mi responsabilidad.

Para mí, el 2018 fue una crisis de pareja de la cual debíamos ser muy maduros, pero sobre todo, aprender para mejorar. Sin embargo, en toda conversación, él siempre mencionaba todo lo que lo lastimé, o lo que le hice o no, e incluso sacaba cosas desde el noviazgo como reclamo; pero nunca lo escuché decir y, mucho menos aceptar, que él también tenía responsabilidad en esta relación, pues parecía que yo era la culpable de todo y él sólo era una víctima.

Intenté no comprar esa culpa, pues era consciente de que la responsabilidad era de ambos, tomé mi cincuenta por ciento y acepté lo que tenía que mejorar, así como mirar hacia el futuro y no estancarme en el pasado. Creo que nunca le reclamé lo que me hizo sentir, pero sí reconocí que, así como él se sintió, también lo viví, pues me dolió en la misma manera.

Iniciativa en las conversaciones profundas.

Siempre fui yo quien preguntaba cómo estaba, cómo se sentía, qué pensaba. Constantemente intentaba sacarle sus sentimientos, que expresara algo, pero lo único capaz de salir de su boca, era el reclamo. Saber que no hacía nada por mejorar, me frustraba; ver que no nos estábamos moviendo a ningún lado, me asfixiaba; sentía que el estómago se me cerraba y no me quedaban muchas fuerzas para agarrarme del sol, la cuerda estaba por romperse.

Fui clara en mi comunicación.

Una de las cosas de la que me hice consciente en la terapia, fue no asumir. Para ello, decidí ser muy clara con él en cuanto a lo que pensaba, sentía y quería. Y debido a que le molestaba verme llorar, decidí escribir un correo electrónico (varios, tal vez), en los cuales hacía catarsis de alguna situación en específico. Como aquél, en el que estaba desesperada por ver que pasaban los días y los meses y sentía que nos alejábamos más y más; a pesar de todos mis esfuerzos, él actuaba como si nada pasara, haciéndome casi creer que eso era un matrimonio.

Escuché lo que él quería.

Cedí, cedí a su concepción de pareja. Por lo que él salía más con sus amigos, no usaba anillo, se fue a Colombia «pues siempre quiso hacer un viaje solo», dejamos de ir a terapia de pareja, su vida era su trabajo y después el gimnasio. Dedicaba el tiempo a sus intereses personales y, era claro que yo no estaba en ellos, ni mucho menos las ganas por mejorar nuestro matrimonio. Incluso, tuve que pedirle que, al menos un día entre semana, pudiera llegar temprano para hacer alguna actividad juntos; yo planeaba qué película veríamos o a dónde iríamos a cenar.

Él llegaba temprano únicamente el día requerido. Había decidido que yo no formaba parte de sus prioridades, no me escribía ni me hablaba por teléfono durante el día. Y entonces me preguntaba: ¿Y a mí, quién me escucha? ¿Cuándo va a considerar lo que yo he pedido?

Sorprenderlo con un viaje.

Me tardé dos semanas en buscar un lugar perfecto para nosotros, quería algo cerca de la ciudad, con naturaleza y sin distracciones, para pasar tiempo juntos. Había cotizado varios lugares, hasta que por fin di con uno.

—¡Ups!, me acaba de avisar mi hermana que mañana llega junto con mi papá para aprovechar el festivo.

—Pero ya teníamos planes.

—¿Puedes cambiar la reserva para más personas?

Algo no me cuadraba, su hermana jamás, ni por error, llegaría sin haberle notificado con anticipación; estaba segura de que, en ese preciso momento, él le había pedido a su hermana que viniera a Querétaro. Más tarde lo comprobé, sin preguntar directamente, su hermana me confirmó mi teoría; él se lo había pedido la misma noche en que le notifiqué del viaje «sorpresa». Cada vez era más claro que no quería estar conmigo a solas, pero no entendía por qué.

Me hice responsable de mí.

Creí firmemente que la terapia que había iniciado con Adri era para trabajar en mí, en entenderme, en conocerme y aprender. Por lo tanto, eso ayudaría a mi relación de pareja, pues si yo estaba bien, podría también dar lo mejor de mí. Por otro lado, se suponía que él también iba a terapia con su psicólogo más no veía ningún cambio en él.

–¿Cómo te va en tu terapia?

–Bien –como estaba siendo costumbre en sus respuestas: palabras cortas.

–Ok… y, ¿qué te dice? ¿Cómo te ayuda?

–Pues, mi psicólogo está convencido de que algo está mal en ti.

–¿¡En mí!?, me parece increíble que tu psicólogo haga ese tipo de comentarios; no lo creo. Mejor dime, ¿qué has hecho tú en este tiempo para mejorar la relación?

–Tomarte de la mano como lo pediste y abrirte la puerta del coche.

Después de contarle todo lo que yo había hecho, ¿él me respondía eso? ¿Era en serio que, con esos dos actos, creía que iba a marcar una gran diferencia en nuestra relación?

***

Cada vez me convencía más de que todo lo que estaba haciendo no era suficiente; un matrimonio es de dos y yo me sentía más sola día a día. En cada intento por luchar, me daba cuenta de que algo no estaba bien, pero lo excusaba pensando que él me amaba pues me lo decía y aseguraba. Debo reconocer que cuando él quería tenerme en la palma de su mano, su fuerte siempre fueron su habilidad de palabra y convencimiento. Sabía exactamente qué palabras utilizar y qué era lo que yo necesitaba escuchar. Por ello, a pesar de que no hacía nada por mejorar nuestra relación y sólo me responsabilizaba; justo cuando estaba decidida a ya no seguir, él aparecía para decirme cuánto me amaba:

—Si de algo estoy seguro, es de que te amo, te amo demasiado; si tuviera que darte un riñón, lo haría sin pensarlo. Eres la mujer de mi vida.

Ya no soportaba esa situación. Sentía cómo me dolía el alma; el pecho se estrujaba cada vez más y hacía que el oxígeno no fuera suficiente para respirar; mis ojos sólo se abrían para llorar; los pasos eran más lentos, como el peso de unas cadenas atadas a mis pies; ya no tenía fuerzas para saltar y regresar a mi esfera de felicidad. Me había quedado con la boca muda y seca, los ojos fríos de ver que sus acciones eran todo lo contrario a amarme; sin duda, un desgaste emocional, mi corazón estaba cansado.

Finalmente, llegó diciembre del 2019:

—¿Vamos a pasar Navidad en Jalisco? –pregunté.

—¿Tú quieres ir?

—Claro, no he visto a mi familia en todo el año.

—Yo no tengo ganas de ir, me sentiría muy incómodo.

No podía creer que, además de no pasar tiempo conmigo en la vida cotidiana, ahora ni en las fechas familiares estaríamos juntos.

–Ok, yo sí iré.

–Ok –una respuesta cortante e indiferente, a lo cual ya me había acostumbrado.

Fue en ese instante cuando decidí buscar un departamento para mudarme en cuanto pudiera y terminar con la situación de una vez por todas.

Veneno

«Y de repente, tu mente está llena de pensamientos encontrados; por una parte te preguntas: ¿por qué a mí? Sientes que das vueltas en tu mismo eje, no puedes enfocar la mirada, el corazón late muy rápido, te cuesta respirar y entonces, te percatas en menos de un minuto, también puedes ser una persona que maldice, que odia y desea lo peor. Ese lado que nunca creíste tener en ti, ahí está: apareciendo. ¡Gritas! Un grito que te hace estallar la cabeza, sientes como sube la sangre desde el centro de tu estómago hasta ella, hierve en tus venas, parece veneno, arde como si fuera fuego en ti. Tienes náuseas, ya no puedes pensar, eso que sientes te está desgarrando el alma, estás cayendo con el corazón abierto».

Con los ojos bien abiertos

I was in the dark
I was falling hard
With an open heart
How did I read the stars so wrong?
And now it's clear to me
That everything you see
Ain't always what it seems
I was dreaming for so long.
I wish I knew then
What I know now
Wouldn't dive in
Wouldn't bow down
Gravity hurts
You made it so sweet
Till I woke up on
On the concrete.
Falling from cloud nine
Crashing from the high.

Castles crumbling
I am trying to hold on
God knows that I tried
Seeing the bright side
But I'm not blind anymore.

Wide awake
Katy Perry

Fue un once de enero del 2020 cuando me mudé. Mi corazón, por supuesto, no quería irse, seguía creyendo que él era el amor de mi vida, pero ¿por qué me sentía tan destrozada e infeliz? No era el hombre del que me enamoré, la versión que él había mostrado los últimos dos años no me gustaba para nada. Lo único que me hacía seguir adelante con mi decisión, era el no querer pasar un año más sintiéndome de la misma manera. Incluso llegué a pensar que, si me quedaba, caería en una depresión profunda de la cual me hubiera sido muy difícil salir. Lo único que deseaba era ser feliz. Tener un esposo que me amara, abrazara y besara sin tener que pedírselo; un esposo que quisiera pasar tiempo conmigo, se interesara genuinamente por mí; pero ese cincuenta por ciento de la relación no me correspondía.

–Me voy a mudar dentro de dos semanas.

Con un gesto bastante sorprendido e, incluso con ojos llorosos, me dijo:

–Ok. Y luego de que te mudes, ¿qué sigue?

–No lo sé, si no arreglamos las cosas, seguro vamos rumbo a un divorcio. Me mudo porque necesito estar tranquila, sentir paz y, tal vez con ello, podamos definir qué es lo que sigue.

–¿Por qué no te quedas aquí y yo me voy?

–No puedo seguir aquí, emocionalmente la casa significa mucho para mí.

Construir esa casa fue toda una odisea. Cuando el arquitecto inició el proyecto, se dio cuenta de que nos vendieron un terreno diferente. Casi declinamos el sueño de construir, pues era como tener nuestra propia Peña de Bernal para derribar. Pero había tanta ilusión, que no importó, decidimos seguir adelante y la casa quedó justo como la soñamos: él, con su tan anhelado cuarto de televisión, y yo, con mis escaleras secundarias que iban del vestidor a la cocina.

Mis muebles de soltera estaban pensados para llenar nuestra casa de ensueño y los suyos se fusionaban perfecto. La decoramos con portarretratos con fotos de la boda, de viajes, de nuestros dos hermosos perros. Recibimos visitas que podían acomodarse en cualquiera de las dos recámaras extras, celebramos cumpleaños en nuestro gran jardín, disfrutábamos de ver una película en su cuarto de TV o simplemente cenar en la cocina mirando alguna tontería en la televisión. Era nuestra casa; un hogar que llenábamos sólo él y yo, no necesitábamos más. Por ello, no podía quedarme sola en esa casa, todo estaba impregnado de recuerdos y me dolía en el alma que ya no estuvieran presentes, parecía que habían matado a la pareja que fuimos y sólo quedaban los fantasmas en su peor versión, en una triste.

Con esta nueva separación, muy en el fondo buscaba que él pudiera recapacitar y reflexionar si quería seguir; claramente, yo esperaba que la respuesta fuera un sí. Por esa razón, lo hice partícipe de mi mudanza. Mi corazón no quería dejarlo ir, ni siquiera saqué todas mis cosas, pues mi esperanza me decía que iba a regresar a nuestra casa.

Mientras tanto, cada vez que llegaba del trabajo y me sentaba a cenar sola, pensaba: «¿Qué hago aquí? ¿Qué hago en este departamento, si tengo casa y un esposo con quien se supone pasaría el resto de mi vida?». Los días eran difíciles, me sentía muy incómoda, no entendía que siendo casada ahora estuviera viviendo sola. Pasaban los días, las semanas y no veía ninguna reacción de su parte, y no estaba dispuesta a que pasara más tiempo de esa forma.

—¿Qué has pensado respecto a nosotros? Ya es febrero y no veo que haya algún cambio. Creo que seguimos cada vez más lejos –inicié la conversación.

—Pues sí, seguimos igual. Si de algo estoy seguro es de que te amo, de eso no hay duda.

—Entonces, ¿por qué seguimos así? Yo también te amo, pero me lastima saber que me sigo sintiendo igual que en el 2018 y ya no quiero que pase un año más de la misma forma. Sólo veo dos opciones: uno) decidimos darnos una oportunidad más, pero esta vez, con compromiso mutuo, tiene que ser una relación de la manera más transparente, honesta y con comunicación por parte de ambos; o dos) Si no va a ser de esa forma, no tiene caso seguir.

—Y tú, ¿qué vas a hacer diferente?

—Lo importante sería que reflexiones qué estás dispuesto a sumar en esta relación. Porque todo el 2019 no moviste un dedo por mejorar, yo he trabajado en mí para poder aportar a este matrimonio.

No estábamos llegando a nada, me cansé de escuchar que seguía viviendo en el pasado y reprochando cosas, sin tomar nada de responsabilidad. Me di por vencida.

—Entonces, lo mejor es divorciarnos –dije.

—¡Si a eso venías, si sabías que ya querías divorciarte... pues entonces lo haremos!

Él estaba muy molesto, pero una vez más quiso finalizar la conversación remarcando que era yo la que estaba terminando, yo era la responsable de todo. Pero en esa ocasión, no lloré, ni una sola lágrima salió, simplemente ya no distinguía qué sentía, creo que estaba en *shock*, no percibía el desgarramiento del dolor;

mi cuerpo hablaba por mí, no tenía ganas de moverme ni de hacer nada, mi mente estaba en blanco.

Al día siguiente seguía igual, por una parte, pensaba que era lo mejor, pues cada uno seguía defendiendo su cincuenta por ciento de la relación, lo único que deseaba era sentir paz y ser feliz, no quería drama ni pleitos por dinero, sólo separarnos en los mejores términos por el amor que decíamos tenernos. Por la tarde, sentí la necesidad de ir a buscarlo, sólo para saber si iba en serio, si de verdad habíamos considerado ya la decisión (y probablemente, buscaba que no fuera la decisión final). Por supuesto, me daba cuenta de que soltarlo, dejarlo ir, era algo que me estaba costando muchísimo pues había pasado diez años junto a él y, el hecho de decirme cada vez que conversábamos que me amaba, lo hacía mucho más difícil, seguía muy confundida. No lo encontré esa tarde en casa, a pesar de que esperé dos horas, lo tomé como una señal y decidí irme.

Sin embargo, ese no era el fin, no hablamos del divorcio las dos semanas siguientes, por lo que aún no era un hecho. Seguí yendo a sacar a los perros, continuamos hablándonos, nuestros mensajes por WhatsApp eran incluso amenos y yo sentía que había mucho amor entre nosotros. Él siempre me decía que lo que necesitara, no dudara en pedirle ayuda.

–Tengo que salir de la ciudad, ¿quieres venir a cuidar a los perros o los llevo a la guardería?

–Claro que los cuido –dije emocionada por poder estar con mis dos hermosos labradores.

Ilusamente, pensé que en ese viaje él reflexionaría, que tal vez se había ido a pensar las cosas y regresaría para decirme: «No quiero divorciarme, démonos otra oportunidad y esta vez, yo también pondré de mi parte para que esto funcione...».

–Hola, ¿cómo te fue? –pregunté.

–Bien. Voy a la recámara a acomodar mis cosas.

No era exactamente lo que había imaginado; llegar y besarme. Subí a la recámara, intenté hacer plática, pero él no decía mucho. Así que me fui a mi departamento. Inmediatamente al llegar, recibí un WhatsApp de él (era su medio favorito para comunicarme lo que pensaba).

–Me doy por vencido, iniciaré los trámites del divorcio.

–Espera, platiquemos del tema, por favor, ¿podemos hacerlo mañana?

–Saldré tarde del trabajo, pero te busco en tu departamento en la noche.

Esperé con tantas ansias ese momento, que pensé en abrirle la puerta y recibirlo con un gran beso y abrazo y decirle: ¡Luchemos juntos! Sin embargo, al verlo, no pude hacerlo, no me nació.

–¿Qué has pensado?

–Mi razón me dice que esto no tiene sentido y ya no deberíamos seguir. Pero mi corazón me dice: ¿qué tal si él es el amor de tu vida? –le dije.

–Aquella ocasión, en la que regresé a casa, le hice caso a mi corazón y no funcionó. Yo creo que tú ya fuiste muy valiente y has avanzado y yo aún me siento estancado: quiero tener hijos –insistía en que su felicidad eran los hijos, pero para mí era muy claro que no los quería conmigo, pues otra vez estaba decidiendo por mí.

–Para tener hijos... con cualquiera, para tener una familia, necesitas una pareja.

–Sí, es cierto. Esta vez quiero escuchar a la razón y creo que debemos divorciarnos.

Sus palabras me dolieron, fue como caer al abismo para nunca regresar a la vida. Lo abracé y comencé a llorar. Lloraba, recargada en su pecho sin querer despegarme de él pero, al mismo tiempo estaba cansada de luchar y no ver mejoría; me repetía en la cabeza que esto era lo mejor y así tenía que ser. Me dolía pensar que los dos éramos buenas personas, leales y siempre pensé que, si mi matrimonio llegaba a terminar, sería a causa de una infidelidad por parte de él; ahora sabía que no debía preocuparme por eso. Al fin me desprendí de él, se despidió con un largo abrazo susurrándome al oído: «Eres la persona que más amo y he amado, eres la persona más hermosa que he conocido».

Esa noche, lloré sin parar... tal vez doce horas continuas. Sin pensar nada, sólo sentir, sentir que necesitaba desahogarme a través de las lágrimas, sacar por medio de ellas mi dolor, mi cansancio, mi ilusión, mi fuerza. Sólo lloré y lloré hasta que pude dormir. Afortunadamente, había pedido permiso en el trabajo para no asistir el día siguiente porque iría a un concierto, así que no había de qué preocuparme por llegar a un trabajo deshecha ese veinte de febrero del 2020.

–Samantha, ayer decidimos divorciarnos –le comenté por teléfono a mi amiga.

–Lo siento mucho.

Había esperado ese concierto desde que tenía doce años, así que no podía echar a perder el día tan esperado. Decidí hacer a un lado mi situación y disfrutar el momento. No quise hablar del tema con mi amiga, pues no quería seguir llorando, estaba dispuesta a prepararme para gozar la música de mi banda favorita. Y así fue, una vez más, la música me salvó y fue mi terapia; por dos horas fui la mujer más feliz.

Esta vez, entendí que la separación iba en serio. Desistí de ver a los perros (por cierto, fue algo que tuve que trabajar emocionalmente para dejarlos ir), así como no saber de él.

Los días siguientes, tenía tal euforia por el concierto que ya no había llorado. Sin embargo, tenía problemas con el sueño, me despertaba todas las madrugadas y dormía en promedio de tres a cuatro horas por noche; mi mente seguía dando vueltas y vueltas a las palabras que dijo: «Este gran amor que te tengo no es suficiente para salir adelante como pareja». Me parecía que no era un tema de amor, sino que él decidió no mover ni un dedo por luchar o intentar salvarnos.

De repente me sentía preocupada por él, pues en esa última plática lo percibí perdido, y al mismo tiempo, él sabía muy bien qué le pasaba, pero no quería decirlo. Iba a divorciarme sin tener una explicación. Intentaba encontrarla, creí que podía ser un tema de la edad y que tal vez le había llegado la crisis de los cuarentas, llegué a pensar que tal vez pudo haber heredado la enfermedad de su papá e incluso que se había dado cuenta de que era homosexual, en fin, traté de explicarme, pero no lograba tener una respuesta. Quería recordar cada una de esas señales que no quise ver y, no para odiarlo, sino para recordarme que no puedo aferrarme a una relación inexistente. Estaba segura de que yo tenía toda la intención, las ganas y las fuerzas para seguir adelante y, entre más pronto cortáramos vínculos, sería mejor.

Sin embargo, aún tenía muchas de mis cosas en la casa y él se había quedado ahí. Ese siete de marzo decidí pasar por algunas de ellas y, por educación, le marqué para avisarle, pero me mandó a buzón (esa no era la primera vez, siempre le dije de broma que me bloqueaba), así que le mandé un mensaje, pero tampoco respondió. Aún así, decidí pasar y él no estaba ahí, así que con mayor razón asumí que no había problema.

Ahora sé que sólo Dios sabe el porqué de todo. Lo que quería llevarme estaba en la planta baja, mi intención era recogerlo y no quedarme en la casa por más tiempo. Pero por alguna razón de último momento, cambié de opinión y decidí subir a mi recámara, era como si alguien me hubiera empujado a subir pues no tenía por qué hacerlo y, de repente, vi otra de las recámaras con la puerta cerrada, lo cual llamó mi atención y decidí abrirla. Nunca olvidaré cómo me sentí, experimenté el enojo más fuerte que haya sentido, aquél donde sientes que la sangre te hierve, el corazón late demasiado fuerte, ese enojo donde el cuerpo es tan sabio que inmediatamente mi cuello se contracturó.

Al abrir la recámara, vi una cartera de mujer, había bolsas de boutique, pero no con ropa nueva, fungían como maleta, con ropa normal y cosas personales de una mujer; había unos pares de zapatos a un lado. Ilusamente, creí que su hermana estaba de visita, pero al ver el número de calzado, supe que no era así. Revisé el cajón del buró y vi condones, revisé la bolsa y sólo encontré un pasaporte. ¡Claro!, aquel viaje que quiso hacer solo en octubre no se fue tan solo. ¡Había metido a una tipa a mi casa para acostarse con ella! ¿Desde cuándo me estaba viendo la cara?, ¿por qué había hecho esa bajeza?, ¿por qué en mi casa? Me di cuenta de que había estado con ella en ese viaje de cuatro días que hizo mientras yo cuidaba a los perros: ¡Qué gran cabrón!

Pasé de la compasión y respeto que aún le tenía como persona, a un gran odio, un odio que pesaba más que concreto, él se había convertido en el hombre que más había temido: un patán. Muchas veces le repetí: «Si alguna vez dejas de amarme, si alguna vez te llega a interesar otra mujer, mejor dímelo y divorciémonos en los mejores términos. Aunque me duela, prefiero vivir con la verdad».

Él sabía muy bien cuál era el arma letal para destruirme y, aún así, me disparó: la infidelidad era mi mayor temor.

Me fui inmediatamente de la casa. Llamé a mi amiga Samantha y pasé el resto de la tarde con ella.

–Jamás creí que él fuera así, yo metía las manos al fuego por él y juraba que podía ser cualquier otra cosa menos infiel. ¡Qué estúpida fui! ¿Cómo no me di cuenta? ¡Claro, ahora entiendo tantas cosas!

–Tranquila, piensa bien las cosas, estás enojada y con toda la razón, pero necesitas cuidar de ti; tienes que calmarte.

–Se acabó su tonta, no voy a dar ni un paso sin haberme asesorado primero. Ya no confío en él.

Pero, para asesorarme necesitaba tener documentos. La verdad, nunca me preocupé por tenerlos conmigo, pues confiaba a ciegas en él y jamás me pasó por la mente tener que cuidarme. Tuve que regresar a la casa para buscarlos. Él ya había escondido los papeles de la casa, así que busqué por todos lados y nada; no era posible que no estuvieran. Estaba por darme por vencida y, nuevamente, de la nada se me ocurrió fijar mi mirada hacia un lugar del closet: ahí estaban, los documentos escondidos detrás de un edredón. Los revisé, y no sólo encontré lo que buscaba, sino que hallé más pruebas de su infidelidad, infidelidad que sucedía desde al menos 2018.

Había un contrato del banco en el cual sacó una tarjeta para ella, y, además de enterarme de que la tipa no se dedicaba a nada y era veintitrés años menor que él, vi que le había puesto la dirección de mi casa y él, por supuesto, se había declarado soltero. Ya no me dolió, pues ya me había enojado suficiente, sólo confirmaba la basura de hombre con la que estuve casada. Ahora me quedaba claro que estaba muy preocupado porque yo no le quitara la casa. Desafortunadamente para él, estaba a mi nombre y por eso escondió los papeles como el gran cobarde que era.

Sentía confusión y dolor porque en algún momento creí que estaba casada con el hombre perfecto y, a pesar de que nos divorciaríamos, aún seguía pensando que él valía mucho como persona y, si nuestra relación ya no podía ser, lo aceptaría y seguiría respetándolo siempre. Y de un momento a otro, lo conocí de verdad (o más bien por fin vi lo que siempre fue). Comencé a caer en cuenta de muchas cosas. ¿Cómo pude ser tan estúpida? Sabía que algo no andaba bien, pero decidí confiar en él, en lo que me explicaba, y no hacerle caso a mi intuición; ese fue mi peor error. ¡Me parecía increíble que hubiera sido tan cínico por tanto tiempo, tan cobarde, mentiroso y patán! Todo el amor que sentía se convirtió en odio, desprecio y asco. ¡Sólo me hizo perder el tiempo durante dos años!

Por mi mente sólo pasaba que, desde el 2018, nunca se despegó de su celular y ni por error dejaba que cayera en mis manos. Ahora entendía por qué llegaba tan tarde todos los días a la casa, su indiferencia, declinar la terapia de pareja, no mover ni un dedo por mejorar nuestra relación, por qué había polarizado y colocado cubre placas a su camioneta. Me había desgarrado durante el último año para salvar nuestro matrimonio, mis pensamientos, esfuerzos y hasta mi salud se vieron afectados, pensando siempre en cómo hacer para que fuéramos mejor pareja. Y lo más macabro, fue que esos dos años me echó la culpa, me responsabilizó de todo; se portó como un gran cobarde desde entonces y tampoco me di cuenta. ¿Cómo había sido capaz de decirme que me amaba cuando ya andaba de cabrón? ¿Cómo pudo jugar conmigo de esa manera?, me torturó emocionalmente por dos años cuando él ya era feliz.

El día en que fui a buscar los documentos, me escribió un WhatsApp en la noche, pero nunca mencionó nada de su invitada en mi casa:

−¿Viniste a la casa?

−¿Tienes cámara, no? Seguramente ahí puedes responderte −lo bueno era que, por mensaje, no podía apreciar mi enojo, pues se hubiera muerto de tanto veneno que tenía para él.

−Por favor, si ya decidimos que nos separaremos, te pido respetes mi privacidad. Dame un par de semanas en lo que resuelvo a dónde me mudaré y, después de eso, puedes venir cuando quieras; al fin también eres propietaria, pero mientras, si necesitas algo, pídemelo y yo te lo llevo. ¿Tenemos ese trato?

¿Respetar? ¿Cómo se atreve hablar de respeto? Claro, lo único que quería asegurar era que no me apareciera porque tenía a su invitada en mi casa. Así que, él decidió hacer como si yo no hubiera visto nada, no podía esperar menos, pues eso es lo que hace un cobarde. Entonces, si quería jugar a que yo no sabía nada, pues lo haría. Estuvo insistiendo, incluso al día siguiente, para que prometiera que no me aparecería en la casa: nunca le respondí.

***

−Sólo quiero saber mis opciones, conocer cuál es mi derecho y ser justa −le comenté al abogado.

−Mira, de acuerdo a los documentos, tú eres la única dueña de la casa y, al haberla comprado antes del matrimonio, la casa no tiene por qué ser parte del divorcio y, en todo caso, él podría pelear por la vía civil.

−Y, ¿qué pasa con el crédito hipotecario? −quería tener toda la información clara para poder enfrentarme a él.

–Aunque el crédito hipotecario está a su nombre, si él deja de pagar, tú puedes llegar a un acuerdo con el banco, pues además de ser solidaria obligada, eres la dueña.

Todas las posibilidades existían para que no le diera ni un peso de la casa. A pesar de haberme lastimado, no me interesaba dañarlo; yo no era como él, sí tengo valores, mi esencia no se quebranta por más que me hubiera lastimado. Sólo quería la asesoría del abogado porque sabía que, al enfrentarlo, usaría sus tácticas de intimidación; en eso lo conocía muy bien.

Esa misma tarde le dije que tenía que hablar con él. Por supuesto, no quiso que fuera a la casa y llegó a mi departamento en la noche. Tenía miedo de su reacción, de enfrentarlo; no sabía cómo reaccionaría al decirle que sabía todo. Incluso llegué a pensar que podía ponerse violento, pero también estaba preparada para ello.

–Así que te gustamos chiquitas, ¿vienes de estar con ella?

Con una cara muy desconcertada me vio, pero al final aceptó:

–Sí.

–No puedo creer que hayas hecho una bajeza así, ¿no pudiste simplemente llevártela a un motel? ¿Por qué en mi casa?

–Yo no le veo nada de malo.

–¿Quieres que les pregunte a tus hermanas qué pensarían si sus esposos llevaran a su amante para acostarse con ella en su casa? No creo que les de risa.

–Está bien, tal vez no fue buena idea. Estaba por decirte que había decidido iniciar una relación con alguien más.

–Puedes hacer lo que quieras, me da igual, pero no en mi casa. Además, ¡me ves la cara desde, al menos, hace dos años!

–No, empecé a andar con ella hace una semana. Y no me estoy escondiendo, hemos salido a cenar, a bailar... –me dijo con cinismo. Al tiempo que me decía eso, pensaba qué ridículo se veía con ella, pues a su lado es un abuelito: un *sugar daddy*.

–¡Por Dios!, ¡qué cobarde y patán eres! Entonces, tramitas y pagas una tarjeta de crédito a una desconocida desde el 2018 ¡Qué buen samaritano eres! No tengo idea de con quién me casé: me das asco.

Se dedicó a justificar su imagen, nunca aceptó que andaba con ella mientras estábamos casados. No entendía cómo era que, aún con las evidencias, lo seguía negando, me estaba cansando, así que pasamos a hablar del acuerdo del divorcio, en donde tal cual lo había predicho, él sacaría otra de sus peores caras:

–¡Mira, si quieres nos vamos a pleito, no hay problema, tengo dinero para pagar! –me dijo ya con una mirada de diablo.

–A mí no me cuesta pagar el abogado.

–Yo tengo dinero para comprar a los jueces –y ahí estaba, la intimidación para la cual ya estaba preparada.

–Quiero que la saques de la casa ahora mismo y, si mañana sigue ahí, tiro tus cosas y las de ella a la calle. Y no voy a pagar ni un peso del costo del divorcio.

Me dolía que me tratara de esa manera, ¿cómo era posible que hubiera recurrido a intimidarme?, ¿a verme con una mirada con la que casi quería matarme? Mi corazón no lograba entender cómo puedes tratar y reaccionar así a alguien que se suponía amabas, digo, al menos por lo que un día significó y, además, considerando que no le hice nada, él fue quien falló. Yo lo amé profunda y transparentemente y siempre fui leal y respetuosa con él. No entendía cómo llegamos a ello cuando se suponía que lo conocía muy bien.

Desintoxicación

Hay amores que apagan el alma
que se hospedan y luego te matan
que hacen nudos en el corazón
que se riegan con solo dolor

Hay caricias que pronto caducan
que envejecen y nunca maduran
que extravían de pronto su voz
que deslavan por dentro tu amor.

Desintoxicada de cada palabra
de tu anémico amor
tu raquítico amor
de las ruinas de tu corazón
Desintoxicada de cada mirada
del patético amor
tu esquelético amor
de tu boca que sabe a dolor
a dolor, a dolor.

Y por fin, desperté
del hechizo que me hizo dormir
Y por fin, me mudé
del recuerdo que me hizo sufrir.

Desintoxicada
OV7

Con el paso de los días, descubrí más evidencias de su infidelidad y, por supuesto, seguía sorprendida de lo estúpida que había sido y no haber visto lo que era obvio. Pero también, su comportamiento me parecía extremadamente cínico, ¿por qué quiso jugar con esa doble moral? Simplemente pudo ser honesto, me hubiera ahorrado tanto tiempo, desgaste y enfermedad emocional.

Descubrir que ese 2019, cuando me pidió el divorcio argumentando que quería tener hijos y «yo no», en realidad era porque ya había embarazado a su amante y, en lugar de aceptar su responsabilidad, lo mejor era echarme la culpa. Para que los demás, cuando se enteraran de que había tenido un hijo, pudieran comprenderlo. ¡Wow! Su mente maquiavélica era impresionante. Pero al parecer, su plan no salió bien y ese bebé ya no existió; por eso terminó regresando conmigo. Además, encontré notas de amor desde meses anteriores, y él decía que apenas llevaba una semana con ella. ¡Por Dios!

Esos dos años, en los que su comportamiento fue tan cínico y yo no lo veía, creo que se comportaba de esa manera a propósito, para que yo fuera la que tomara la decisión y, como siempre lo planeó, él pudiera ser sólo una víctima; pero no contó con que yo estaba ciega y, en el nombre del amor, estaba dispuesta a luchar por él, pues decía que me amaba. ¿Cuántas veces no compró regalos para mí?..., pero también para ella (resulta que ambas tenemos la misma fecha de nacimiento, excepto el año)... ¿Sería que no era broma cuando me decía que iba a terminar conmigo si me ponía vieja? Tal vez tenía alguna obsesión con la edad.

¡No lo sé! Sabía que mi intuición nunca me falló, sólo que la hice a un lado siempre, por supuesto que esta mujer no fue la única con la que me engañó. Empecé a ver todo con claridad.

Fue inevitable no sentirme lastimada, no sentir enojo, no maldecirlo, no odiarlo, no sentir que corría ponzoña por mis venas, que el dolor que sentía me hiciera hacer cosas que tal vez no eran las mejores. Pero, si algo había aprendido era a pensar primero en mí y, si hacer lo que hice me ayudaba a sacar todo lo malo, lo volvería hacer, además, tampoco estaba diciendo mentiras.

–...Sólo nos avisó por WhatsApp en el grupo de la familia y nos dijo que habían decidido separarse y que, por favor, respetáramos sus espacios; que ambos estaban bien.

Me pareció increíble que avisara a su familia por mensaje. ¡Qué cobarde! Yo tuve que afrontar mi miedo de decirle a mi familia porque sabía que lloraría, que me verían triste, vulnerable y eso haría que se preocuparan, pero necesitaba decirles en persona.

–¿Bien?, pues no precisamente. Tal vez él sí, puesto que pasó de una relación a otra. Bueno... espera; ¡en realidad me vio la cara al menos los últimos dos años!

–¿Qué le pasa a mi hermano? ¿Cómo pudo comportarse de esa manera? Voy a orar por él.

Le conté a mi cuñada cada detalle de lo que me había hecho pasar esos dos años, su trato conmigo, la bajeza de haber llevado a su amante a mi casa, el haberme intimidado queriendo pelear lo material. En la siguiente llamada que hice, sabía que me arriesgaba, pues era su mejor amigo, aún así, lo conocía y era tan buena persona que estaba segura también merecía saber la verdad.

–...Justo, ayer en la noche me avisó por un mensaje que se iban a divorciar, que él había intentado, pero ya no se dio. Me dio mucha tristeza porque los quiero mucho a los dos y me hubiera gustado que encontraran juntos la felicidad —me comentó desconcertado por la situación—. Él dejó de hablarme, ya no me contesta los mensajes, no me regresa las llamadas, por lo que perdimos contacto. No sabía por qué ya no me hablaba, pero también me sentí molesto porque siempre era yo quien lo buscaba. Estaba enterado de que se sentía inquieto con su relación, pero siempre fui muy claro de que no te fuera hacer una jalada, pues no lo merecías.

—¡Pero él no intentó nada! Nada de eso es verdad, lo que realmente pasó fue... —comencé a describir todo lo que hizo.

Continúe realizando llamadas, era el turno de aquel sobrino que vivió con nosotros más de un año; por lo que en algún momento, llegué a pensar que ya sabía de lo que hacía su tío:

—¿Ya te presentaron a tu nueva tía?

—¡Claro que no! ¿De qué hablas?

—No me digas que no sabes, pues hace más de dos años que me ve la cara.

—No... espera, ¿de qué estás hablando? Está bien que no soy un santo, pero me aceptaste en tu casa por mucho tiempo, ¿cómo crees que te iba a ocultar algo así?

—Pues tu nueva tía, incluso es menor que tú.

—No te creo, mi tío no haría algo así.

—Pues déjame te cuento... —escuché en su voz que estaba realmente sorprendido, incrédulo, quería pensar que había otra versión. En especial, me sentí como cucaracha cuando me dijo:

—Sabes que lo veo como una figura paterna, lo quiero mucho y me cuesta creer que se haya portado de esa manera.

Fue ahí cuando decidí parar mis llamadas (en realidad ya había terminado de marcar de acuerdo a mi lista), de verdad me sentí mal por haber extendido mi dolor a otros, especialmente a su sobrino, pues el hecho de sentir que tu «papá» te falle, también es uno de los dolores más grandes. Le pedí disculpas por haberle dicho todo.

No esperaba que alguno de ellos le diera la espalda. Esa no era mi intención, sé muy bien que, al menos dos de ellos llevan su sangre, por lo tanto, siempre estarían ahí para él. Pero sí quería hacerles saber lo patán que fue, porque claramente se venía manejando con la versión de pobre víctima y diciendo: «Yo no hice nada, apenas empecé a salir con ella. Tenía que seguir con mi vida». Y eso no podía permitirlo, siempre he sido muy recta y digo la verdad, por lo tanto, me parecía una injusticia, tenía que dejar en claro cómo fueron los hechos. Al principio, todos me externaron su tristeza y reforzaron cuánto me querían, pero también, al terminar mi llamada se quedaron muy consternados, preocupados y, me atrevo a decir que dolidos por lo que me hizo. Acepto que, al final de cada llamada me sentí más ligera, también creo que no fue correcto haberlo hecho, pero lo hecho, hecho estaba.

A pesar de las terapias, de haberme desahogado con esas llamadas, de hablar infinidad de veces del tema con mis amigas, aún sentía mucho dolor y enojo. En el trabajo, uno de mis compañeros que conocía mi situación, me aconsejó que por favor comiera más, pues estaba adelgazando mucho. Había bajado tres kilos en muy poco tiempo. Y, ¿cómo no iba a suceder?, no comía a mis horas, a veces no hacía las tres comidas, tenía hambre, pero no me daban ganas de comer. Y eso en mí, era una señal de que las cosas no estaban nada bien. Y fue cuando me dije: «¿Por qué voy a impactar mi salud por una basura de hombre, por una persona que no vale nada? No puedo permitirlo». No iba a dejar que un mal amor me sacara del camino.

El proceso

«Estoy en proceso...
Hay cosas que aprender y otras que reprogramar.
Hay cosas que soy y no quiero ser.
Hay cosas que aún no soy y quiero serlas.
Hay cosas que hoy sí soy y aún no lo sé,
Pero estoy buscando saber.
La vida es una evolución constante».

@cultura positiva

Perderme para encontrarme

You promised the world and I fell for it
I put you first and you adored it
Set fires to my forest
And you let it burn.
I saw the signs and I ignored it
Rose colored glasses all distorted
We'd always go into it blindly
I needed to lose you to find me
This dance, it was killing me softly
I needed to hate you to love me.
And now the chapter is closed and done
And now it's goodbye, it's goodbye for us.

Lose you to love me
Selena Gomez

«Vendrán cosas mejores». «Ve el lado positivo». «Por algo suceden las cosas». «Agradece que te pasó ahora y no veinte años después», y más frases como esas eran las que escuchaba de la gente a mi alrededor, de aquellos que me amaban, de los que me querían y apreciaban. Frases que suenan trilladas, pero créanme, son cien por ciento verdad. Lo mejor estaba por comenzar.

Era ya abril del 2020 y a nivel país estábamos por iniciar una de las situaciones más difíciles por vivir: una pandemia. El famoso COVID 19, que inició en China, ya nos había alcanzado. Todas las empresas se vieron afectadas y tuvieron que tomar decisiones. Donde trabajaba, no fue la excepción; un viernes con tintes de color gris, terminamos contratos con algunos empleados.

Recuerdo que fue emocionalmente difícil. Ese día llegué a mi departamento y me puse a llorar. Tenía una sobrecarga de emociones, me dolió mucho que una persona de mi equipo también se viera afectada. Era increíble lo que sucedía, parecía una película de terror. A todos nos mandaron de cuarentena, la empresa estaría cerrada por ocho semanas. Me senté en el sofá de la sala, me vi sola en ese departamento; un silencio total en el cual podía escuchar todos mis pensamientos y mortificaciones y, al mismo tiempo, el ruido en mi cabeza. Por supuesto que, como todos, tenía miedo de perder mi empleo, pero el mayor miedo que sentí, no era por el COVID, era por pensar que estaría completamente sola durante ocho semanas y además, pasando por un proceso de divorcio, lidiando con mi enojo y un corazón roto. En ese momento me dije: «¿Qué voy a hacer? Sólo tengo dos opciones: morir lentamente todo este tiempo o sacar fuerzas: sí o sí».

El día siguiente fue muy difícil. De nuevo volví a pensar cada segundo en todo lo que él me hizo, en cada palabra que dijo y le creí, en todas esas veces que me vio la cara y no quise admitirlo. Me daba asco haber estado casada con un intento de persona como él. Mi cabeza no se quedó quieta ni un segundo, así que no estaba sintiendo mi fuerza interna, creí que la opción sería morir lentamente. Decidí seguir escribiendo en mi libreta «negra», la cual era una libreta que Adri me había sugerido para expresar mi enojo, era un espacio en el que no me limitaba para plasmar lo que pensaba:

«Te odio, te maldigo, eres un patán, un cínico, desgraciado, un maldito que sólo me viste la cara por años. Te odio, te odio, te odio, odio sentirme así, odio sentir tanto coraje. Me odio por ser tan estúpida, por creerte, por haber perdido mi tiempo, por haberme desgarrado para entenderte y hacerlo a tu manera, por haber luchado por alguien que era un patán conmigo. Te odio y deseo que te lastimen más de como tú lo hiciste conmigo».

Y así, cada vez que sentía que mis pensamientos me sobrepasaban, escribía y escribía. Algunas veces (o muchas), mi escritura iba acompañada de llanto; lágrimas de dolor, enojo, tristeza, decepción. Pero siempre recordaba las palabras de Adri: «Escucha a tu cuerpo y a tus emociones. No te limites, en ese momento es lo que tu cuerpo quiere hacer. Cuando sientas ganas de llorar, hazlo y cuando sientas ganas de estar bien, de reírte, hazlo». Y sí, eso ayudaba mucho. Continúe desahogándome en mi libreta negra:

«Sigo pensando y no encuentro otra palabra para describir lo que me hiciste: Tortura. Si ya sabías que no me amabas, y no estabas interesado en mí e, incluso, aunque te excuses en que estabas «confundido», la respuesta era que no estabas enamorado de mí. No había necesidad de fingir y seguir diciéndome que me amabas, ¡sólo tenías que ser sincero! Todo lo que me hiciste pasar fue una tortura emocional. ¡Maldito cobarde!».

Ese fin de semana fui con mi amiga Maryfer. Llegué a su casa desde muy temprano, y terminé yéndome en la noche; lo cual le agradezco inmensamente porque pude distraerme por algunas horas y no pensé ni un minuto en él. Sin embargo, tenía que continuar mis días de confinamiento sola, así que ahí estaba, domingo en la noche lista para empezar, lo que sea que viniera.

«La herida puede que no sea tu culpa, pero sanarla siempre será tu responsabilidad». @culturapositiva

Primer día de cuarentena.

Era lunes. Esa mañana desperté alrededor de las 8:30 a.m. y me dispuse a comenzar mi día, intentando realizar actividades en casa para distraerme. Desde que me mudé, había estado oyendo un pódcast, recomendado por mis compañeras de trabajo: *Se regalan dudas* el cual fue mi compañía durante mis cenas y fines de semana en el departamento. Me gustó mucho porque conversaban de temas del amor en todas sus modalidades; cuando hablaban del amor de pareja, me confirmaban que no estaba loca; lo que pedía en mi relación era algo muy normal pero, también algunas veces aprendía de mí, dándome cuenta de esos detalles que tenía que trabajar. Cuando hacían mención del amor hacia uno mismo, comencé a poner mis oídos en alerta, pues había escuchado del tema, pero nunca lo había hecho con atención, y especialmente en esos capítulos, me llenaba de pensamientos positivos para salir adelante.

El pódcast fue un gran amigo en esos tiempos, sin embargo; terminé de escuchar todas las temporadas y los capítulos nuevos sólo salían una vez por semana, así que no podía esperar ocho días para seguir alimentándome de esa energía positiva. Comencé a buscar más «amigos positivos».

«Tal vez sea buena idea contactarlo. Estoy segura de que si le marco, entrará a mi vida de nuevo y tal vez podría ser una muy buena distracción para llevar mi duelo», pensé recordando aquel amor inconcluso de la universidad. Esto llegaba a mi mente de vez en cuando, especialmente cuando me acordaba de que mi ex estaba siendo feliz, pues pasó de una relación a otra sin ningún dolor. Él no estaba trabajando un duelo, no sufría, no se desgarraba como yo para encontrarse y salir adelante: él no estaba solo. Pero, también creía que ese comportamiento no podía ser la felicidad, pues no es congruente terminar e iniciar (aunque sabía que él ya había comenzado desde hacía mucho tiempo, pero, en fin...). Y tampoco me parecía justo para esa persona del pasado, sólo llamarlo para ser un salvavidas de mi duelo, no podía, él fue importante en mi vida y no podía tratarlo de esa manera. Decidí olvidarme de buscarlo.

<u>Segundo día de cuarentena.</u>

Volví a hacer mi rutina de la mañana: despertar, rezar, lavarme la cara, desayunar, etc.

Esa mañana continué con la búsqueda de mis nuevos «amigos positivos», lo que significaba buscar más pódcast, videos en YouTube, retomar libros que había dejado sin terminar. Y esa fue mi meta. Primero comencé el libro de *El Hombre en busca de sentido* de Viktor Frankl, mismo que, una jefa me había regalado un año atrás; en su momento, ella fue mi paño de lágrimas en el trabajo, a la hora de la comida siempre me escuchaba. El libro habla de que todo tiene un para qué y eso es lo que nos ayuda a sobreponernos. Para mí, era muy cierto, no tenía caso buscar explicaciones sino, más bien, lo que podía aprender de lo sucedido.

Para la tarde comencé a buscar en YouTube videos que hablaran de cómo sanar. Me encontré con algunos de Martha Debayle; una de las mujeres más reconocida en México por ser presentadora, empresaria y locutora. Recordé que mi amiga Samantha me había hablado de ella y a quién consideraba su *sensei*. Por algún motivo que desconozco, no me llamaba la atención escucharla, pero me apareció como sugerencia un video titulado *Lo bueno, lo malo y lo increíble de los exes* y ese era un tema que definitivamente quería escuchar. El vídeo inició diciendo:

«Todas las personas que llegan a tu vida lo hacen por una razón. Las personas no aparecen en tu vida por una casualidad. Las personas en nuestra vida son nuestros grandes mensajeros y maestros, y eso, teníamos que haberlo vivido en ese momento, pues era con quien había que compartirlo. Esa persona que la vida te mandó, fue para aprender la lección que debías haber aprendido; fue la más perfecta en el momento en el que alguien enfermó y te acompañó...».

¡Wow! Inmediatamente conecté con el video. No sé como explicarlo, pero comencé a abrir por completo mis oídos y mi mente para escuchar el mensaje. Me recordó cuando él había estado conmigo, el día en que mi hermano, en el 2015, me avisó que mi papá había tenido un accidente y estaba grave en el hospital. Él estuvo ahí para abrazarme, llevarme hasta Jalisco, tomar mi mano, tranquilizarme con su gran habilidad de palabra y para apoyarme en todo ese momento. Seguí escuchando el video.

«...a los *exes* hay que bendecirlos y agradecerles por todo lo que hicieron, y no, por nosotros, así como por lo que nunca hubieran hecho, porque estas lecciones nos convierten en las personas que somos y ahora podemos tomar decisiones mucho más certeras del tipo de pareja con la que sí funcionó bien. Así que, cuando te sientas enojada, lastimada, molesta, dolida, confundida, cuéntate la historia de manera diferente: Gracias por ser el patán que fuiste, porque gracias a eso, ya sé cómo se ve un patán y no me vuelve a pasar...».

Esto resonó muchísimo para mi situación, puedo decir que esa frase fue la que estuvo en mi mente por varios días y me hizo contarme la historia de manera diferente, pero sobre todo, hizo que cada día dejara de sentirme un poco menos enojada. ¡Me encantó!

«...a los *exes* hay que soltarlos. Muchas veces es más un tema de llorar por lo que iba a ser y no fue; por perder lo que imaginaste iba a suceder con esa persona y no pasó, lloras por el dolor de soltar esa esperanza e ilusión de todo lo que imaginaste en tu mente y ya no va a pasar, más que llorar por la persona en sí. Entre más tiempo te quedes estacionado ahí, te va a costar salir, soltar y alejarte. Recuerda, si iba a dar, ya hubiera dado y, si no dio, es porque nunca va a dar...».

Una vez más, me recordó a mi sueño de amor. Efectivamente, una parte de mí lloraba porque perderlo significaba que todo lo que planeé con él ya no sería. Y otra parte de mí, lloraba por el dolor que me causó su comportamiento. En ambos casos, tenía que soltarlos para poder seguir.

«...el tema del cierre de los ciclos; si te estás agobiando porque se fue sin decir nada, y nunca te dio una explicación, recuerda que, a veces la mejor palabra es la que no se habla, en los hechos están las razones. Si ya no está, es porque no quiso estar y las razones por las que ya no está, son irrelevantes, porque son más de esa persona que de ti. Recuerda que los ciclos se cierran en el corazón...

...los exes son una gran fuente de aprendizaje, son parte de nuestro proceso natural de crecimiento y maduración emocional, por eso hay que amarlos, bendecirlos, agradecerles y desearles lo mejor. Eso nos hace un espíritu mucho más rico, una persona más completa y eso es lo que vamos a acabar atrayendo en nuestro futuro. La vida no te manda la gente que tú quieres, te manda la gente que necesitas para amarte, para dejarte, apoyarte, lastimarte y ayudar a convertirte en la persona que eres. No se preocupen, todo va a pasar y no va a pasar nada».

En dieciséis minutos, mi pensamiento cambió de inmediato. Parecía que todas mis terapias, los podcasts, las pláticas y consejos de mi familia y amigas estaban haciendo *click*. Me sentí en paz, tranquila, mi mente empezó a contar una historia diferente. Escuché dos veces más el video, y cada vez, cada una de las palabras y frases que escuchaba resonaban en mí, me hacían sentido y tanto bien. Hasta la fecha es uno de mis mensajes favoritos y puedo escucharlo una y otra vez. Desde ese momento, sentí la necesidad de ver por mí; comencé a enfocarme en mí, en sentir paz, en calmar mi enojo y mis pensamientos. Y sin saberlo, estaba por iniciar mi proceso de sanación.

<u>Tercer día de cuarentena.</u>

De repente, me di cuenta de que esos pensamientos que me abrumaban, disminuían cada vez más. Me sorprendí al darme cuenta de que habían pasado cuatro días en los que no sentía la necesidad de seguir «vomitando veneno»; la libreta negra estaba guardada. El apetito y las ganas de hacerme de comer regresaron, me preocupaba por comer mis tres alimentos, dos colaciones y beber dos litros de agua. ¡Eso fue un alivio, estaba volviendo a ser yo poco a poco!

Comencé a marcar mi rutina para todos esos días de confinamiento: Por las mañanas desayunaba, limpiaba, tomaba un baño e inmediatamente leía un libro. Al medio día, inicié haciendo ejercicio, el cual me había recomendado Adri y, no tanto por la parte física y estética, sino para liberar endorfinas, una sustancia que aumenta el estado del bienestar y disminuye la sensación de dolor emocional; estaba en un punto en el que tomaba todos los consejos positivos. Después comía, dedicaba un tiempo de ocio para navegar por internet viendo videos, escuchando pódcasts, etc. También me sumé a lo que la mayoría de la gente estaba haciendo y era ver Netflix. Por las noches continúe un libro que hacía años no había podido terminar, un libro de metafísica; el cual me ayudó a conectarme conmigo misma.

<u>Cuarto día de cuarentena.</u>

Ese día recordé que debía hacer mi declaración de impuestos, para lo cual necesitaba buscar, entre mis seis USB, mi firma digital. Mi sorpresa fue encontrarme, en una de ellas, conversaciones que había guardado de una relación anterior. Me tomó casi tres horas terminar de leer todo lo que tenía guardado y me reí muchísimo de tanta bobería que nos decíamos. Recordar es vivir y me hizo tener una ilusión al pensar que sí podía encontrar a alguien a quien le interesara de verdad. Esa ilusión fue mi gasolina por varios días, la esperanza volvió a mí. Entender que aún queda mucho por vivir y conocer. Y así, siguieron pasando los días hasta que concluí mi primera semana de una manera satisfactoria.

<u>Segunda semana de cuarentena.</u>

Después de degustar una copa de vino blanco, salí a mi terraza y, por primera vez en esa tarde, percibí que el sol me hacía bien, disfrutaba del viento en la cara, me sentía abrazada por el aroma de la variedad de flora en el jardín frente a mí; cómoda en mi «piel». De repente, el departamento ya no me ahogaba, al contrario, estaba disfrutando mi presencia en él. Una gran sonrisa apareció en mi rostro: «Por fin, apareció mi deseo de comenzar a ser feliz y sentirme en paz».

Especialmente esa semana, era muy constante que me preguntara si realmente todo lo que estaba intentando por estar feliz y perdonar era el camino correcto, y fue así que llegó como respuesta: Mis Ángeles. Siempre creí que buscar tu espiritualidad en realidad era contactar con Dios (más tarde aprendería que al final todo es Dios), pero durante toda esta semana no dejé de pensar en ellos. La palabra «Ángeles», llegaba a mi mente de la nada, además, el número once aparecía cada vez que miraba la hora: once: once. Veía algún video y marcaba el tiempo del mismo en once; mi bandeja de entrada con once correos; y en mi poco conocimiento del tema, siempre escuché que si un número es muy frecuente, es porque tus ángeles te quieren decir algo, así que creí que la respuesta a mi pregunta estaba ahí.

Durante un tiempo de su vida, mi amiga Maryfer estuvo muy conectada en todos los temas que tenían que ver con la búsqueda de uno mismo, con encontrar respuestas a través de tu pasado y, por supuesto, descubrir esa parte espiritual. Así que de inmediato pensé en ella para que me recomendara una «Angelóloga».

—Sí, conocí a una chica hace varios años. Muy buena, de hecho, ella era tan bonita que incluso parecía un ángel.

—Excelente, pásame su contacto, por favor. No he dejado de pensar en mis ángeles, estoy segura de que quieren darme un mensaje y necesito escucharlos.

—Sólo hay un detalle, no me acuerdo de su nombre, pero déjame pedírselo a mi sobrina.

Pasó una semana para que Maryfer me pasara el contacto. No fue fácil encontrar sus datos, ya que su sobrina tampoco los tenía a la mano.

—Teresa Hernández.

—Excelente.

Marqué inmediatamente. Era un sábado. Al responderme me dio la impresión de que era como algún centro/negocio de algo:

—...¿la requieres para una lectura de ángeles? —me contestó un chico.

—Así es.

—Permíteme ver si está en Querétaro y te regreso la llamada para pasarte su número.

—Perfecto, gracias.

Tercera semana de cuarentena.

Finalmente pude contactarla hasta el lunes.

–Lo siento, pero por el momento no estoy haciendo canalizaciones... ¿Cómo obtuviste mi número?

–Buena pregunta, me costó mucho conseguir tu contacto y además... –comencé a explicar de donde venía mi inquietud por hablar con mis ángeles.

–¡Wow!, parece que debemos tener esa sesión. Tus ángeles sí quieren decirte algo.

Colgamos acordando que lo haríamos vía Facetime. Me quedé muy emocionada de que ella aceptara hacer la sesión el miércoles siguiente. Sin embargo, el martes me comentó que estaba un poco ocupada, por lo que cambiamos la sesión para el sábado; pero ahora sería de manera presencial, cuidando nuestra distancia.

Mientras esperaba ese día, continúe con mi rutina. Para entonces, inicié la lectura de un libro más que mi amiga Maryfer me había prestado: *Salvando al amor*, el cual tenía un toque de ángeles, espiritualidad y el mensaje principal era amarse a uno mismo. Continuaba haciendo zumba, ejercicio en casa, salía a caminar por las tardes, leía pensamientos positivos en internet y por las noches continuaba con la lectura del libro de metafísica. Realmente mi mente estaba ocupada con temas muy positivos.

Hablaba con mi familia, a todos les dije que de verdad me sentía súper feliz, no tenían que preocuparse por mí, pues utilizaba el tiempo en encontrarme, enfocarme y estaba resultando muy bien. Tampoco había tenido contacto con mi ex, no sabía nada de él y honestamente no me interesaba. Era mejor pensar en mí y concentrarme sólo en sanar.

Por fin llegó el día de mi sesión. Me sentía ansiosa y emocionada como cuando un niño espera ver sus regalos en Navidad.

–...Esto es una canalización, lo que quiere decir que yo conecto, no sólo con tus ángeles, sino también con tus guías espirituales –fue parte de la explicación de Tere–. Por favor, necesito comiences a inhalar y exhalar. Imagínate en un lugar con naturaleza y pinta todo tu cuerpo del color que más te haya llamado la atención de ese lugar.

De repente dejó de hablar y yo seguí concentrada en mi respiración y en las instrucciones.

–Listo –dijo Tere.

Volteé a ver sus hojas, que al principio eran blancas y ahora estaban llenas de apuntes.

–¡Wow!, lo primero que sucedió fue que todos tus guías comenzaron a aplaudirte, están muy contentos porque lo estás haciendo muy bien.

Esa era la respuesta que estaba buscando, el mensaje que quería escuchar. Me llenó de emoción y tranquilidad.

–Lo que estás pasando actualmente ya estaba escrito y era necesario. Tenías que quebrarte para que rompieras con el árbol genealógico materno, el cual no estabas dispuesta a seguir cargando.

Me dijo tantas cosas ciertas de mi familia, me habló de lo que estaba por iniciar profesionalmente. Me dijo que yo ya había platicado con mis ángeles desde niña y no me di cuenta. Fue cuando recordé que sí, desde pequeña tenía la sensación de hablar con «personas» cuando platicaba sólo conmigo. Me imaginaba que existían varios con los que conversaba, no sabía quiénes eran, pero para mí eran mis confidentes: ¡eran ellos! Me habló de una pareja. No niego que me emocioné al saber que de verdad venían cosas muy buenas, pero tampoco quise ilusionarme demasiado; necesitaba enfocarme en lo que estaba haciendo.

También me dijo que el mensaje principal, transmitido por mis ángeles, era el de comunicar y escribir. Eso me recordó que la noche anterior estaba pensando en diversas cosas antes de dormir. Acostada en la cama, de la nada, me vino un pensamiento muy fuerte el cual interrumpió mis otros pensamientos: «escribir un libro». Fue tan repentino y contundente como cuando sientes esa sensación donde exclamas algo que ha sido tu idea más brillante o acabas de recordar lo que ibas a decirle a alguien, pero a la vez, fue tan calmado y tranquilo como cuando estás en tus mejores charlas con tus amigos. Por treinta segundos me detuve en esa idea, pero sólo me reí de esa locura e intenté dormir.

Una de las preguntas hacia mis ángeles, era cómo podía percibir sus mensajes en mi vida cotidiana:

—Algunos se dan a través de tu intuición, tú la tuviste, pero no le hiciste caso. Otros se dan como pensamientos que vienen de la nada, aquellos que pareciera te hacen brincar porque aparecen rápido y fuerte.

Cada mensaje resonaba y me hacía *click*; como aquella intuición que tuve durante esos dos años, pero preferí confiar ciegamente. Y esos mensajes de la nada…, sólo seguía recordando el de la noche anterior, así fue tal cual sucedió. Me habló de mi energía y de la conexión que ya estaba trabajando: estaba lista para conectar con mi espiritualidad.

Salí de la canalización en una especie de *shock*, ¡eran tantos mensajes! Conociendo mi memoria, lo primero que hice al llegar a mi departamento fue escribir todo lo que había recibido para no perder ningún detalle. Entre más escribía más sentido me hacía todo y pasó justo lo que Tere me había comentado al inicio de la canalización: «Vas a sentirte muy diferente una vez que terminemos, con mucha tranquilidad». Y así fue, mi pecho se sintió distinto, no percibía ansiedad, angustia, sino todo lo contrario: paz y mucha calma. Agradecí esa oportunidad: fue un hermoso regalo.

***

–Yo sigo impactada de lo mucho que has avanzado en tan poco tiempo; a mí me hubiera llevado hasta más de un año reponerme de una ruptura.

–¿Sabes qué?, Maryfer, sí me siento otra, una mujer muy diferente y llena de aprendizajes.

–Eres una Jacquie cambiada a trescientos sesenta grados. Sólo ha pasado un mes y medio de haberte enterado de todo su engaño y mírate… eres otra Jacquie, irradiando energía positiva, feliz y aprendiendo a montones de la experiencia.

–Si lo pienso bien, llevaba luchando por sentirme feliz desde el 2019, trabajando en entenderme a través de mi terapia; aunque sí creo que, la diferencia en salir tan pronto del «hoyo», fue la decisión que tuve para trabajar en acciones que me hicieran quererme a mí misma.

<u>Cuarta semana de cuarentena.</u>

Con el paso de los días, resonaba cada vez más el mensaje que Tere me había compartido, entendiendo uno en especial: «Hoy, tienes muchos ángeles contigo porque tú los pediste» y para ser sincera, le pedí a Dios en una de esas noches al principio de todo, que por favor no me dejara sola, que me acompañara y no me soltara de su mano durante el proceso, y me mandara la ayuda necesaria para poder salir lo más pronto del dolor. Ahora lo entendía, los ángeles eran la ayuda que Dios me envió. Por esto y más, comencé a sentir una conexión tan especial, que parecía estar en otro nivel de amor, y agradecía profundamente a Dios por haberme escuchado y mandado a sus mejores guardias.

Continué con toda la actitud para seguir trabajando en mi sanación, más que nunca pues: ¡me lo habían dicho mis ángeles! Terminé de leer dos libros más. Comencé a escribir este libro, no sabía hacia donde iba, pues no soy escritora ni tengo alguna educación relacionada a ello, pero sólo quise seguir mi intuición. También busqué más herramientas que me ayudaran a conectarme con otro nivel de consciencia, para lo cual, encontré la meditación; no entendía muy bien qué era exactamente, pero como todo lo anterior que había trabajado en mí, leí mucho, revisé varias descripciones y comencé a ponerla en práctica.

En esa semana, mi ex me escribió para un tema del crédito hipotecario de la casa: necesitába mi firma. El lado bueno: no sentí ese veneno que solía aparecer cada vez que él se presentaba. Así que todo iba funcionando bien.

Pasaban los días y no podía estar más agradecida con Dios porque aún me sentía feliz, en algún momento creí que sólo sería algo temporal y a los dos días volvería a caer y luego a levantarme y así. Pero no, llevaba ya casi un mes manteniéndome con la misma actitud, pero, sobre todo, de verdad me sentía muy feliz y en paz conmigo, dispuesta a seguir descubriéndome, a llevarme a un nivel de consciencia cada vez más alto y con ganas de continuar con una vida llena de experiencias después de lo que viví. Estaba segura de que me conduciría a recibir algo muy grande y bueno.

«Tenemos que entender que a veces toca salir adelante solo. Toca hablar contigo mismo y buscar ese apoyo incondicional dentro de ti. Toca volverte más fuerte que nunca y demostrarte que no necesitas a nadie para poder ser». @culturapositiva

Lecciones aprendidas

I face my demons, yeah, I paid my dues
I had to grow up, I wish you could too
I wanted to save you, but I can only save myself.
It takes two, two sides to every story
Not just you
I can't keep ignoring
I admit half of it, I'm not that innocent.
I point my finger but it does me no good
I look in the mirror and it tells me the truth, yeah
Why all these lessons always learned the hard way.

It takes two

Katy Perry

Continuaban pasando las semanas de confinamiento y, afortunadamente, me mantenía feliz y trabajando en mí. Seguía leyendo libros que me ayudaran a conectar espiritualmente: trabajaba en el perdón, en sentir paz y sanar. En realidad, no estaba segura si lo que hacía era ciento por ciento espiritual, pero sí sabía que me ayudaba a sentirme cerca de Dios, del amor y de mí misma. Seguía reflexionando y aprendiendo de toda mi experiencia y, a la vez, me aplaudía por lo que había logrado. Pasé por el dolor más profundo, sin ganas de creer en el amor, me convertí en una persona que deseaba lo peor para él, pero renací, dolió sí, pero ahora estaba sanando y entendía perfectamente bien por qué me había roto.

Durante ese proceso, mi mente se llenó de varios pensamientos, algunos confirmando que tenía razón, otros me hicieron entender que debía trabajar más en ciertos puntos. A todo esto le llamé: **Lecciones aprendidas**.

Hazle caso a tu intuición.

Me repetía eso cada vez que recordaba mi historia con él, diferentes momentos o excusas que me daba y, por supuesto, las tantas veces que intuía que las cosas no estaban bien. Siempre lo supe, él tenía comportamientos extraños, dignos de pensar que estaba con alguien más, pero me gusta creer en las personas. En una ocasión, decidí enfrentarlo respecto a una sospecha con una amiga suya y hablar directo, le pedí que me dijera la verdad; me contestó con un: «¿Cómo crees?, si yo te amo a ti, ella es solamente mi amiga. No sabía que te molestara. Te amo». En mi corazón, no podía pensar que mentía pues lo hablamos de frente. ¿Por qué mentiría?; así que le creí.

Debí hacerle caso a mi intuición cuando su repentina solicitud de divorcio no tenía fundamento alguno. Muchos podrán pensar que era muy obvio, pero yo lo amaba, y a las personas que amo, les creo. Decidí confiar en él, porque pensé que era un caballero y nunca haría una bajeza.

Debí hacerle caso a mi intuición, cuando mi corazón sabía que todo mi esfuerzo no tenía sentido, ya que él no estaba luchando. Pero el miedo me invadió, el miedo de perder mi sueño de amor pudo más que mi intuición.

Mis ángeles me lo dijeron en la canalización, sus mensajes siempre fueron a través de mi intuición, pero no quise verlos. Opté por confiar, porque me parece que eso es lo más importante en una relación. Con la terapia, aprendí que mi esencia es confiar, pero no debo hacerlo ciegamente. Hacerlo de esa manera es como lo hace una niña con mucha inocencia. Ahora sabía que puedo seguir haciéndolo, pero con los ojos abiertos, con hechos y datos, como lo hace un adulto. Y si a ello le sumo mi intuición, mi intuición no me volverá a decir: «Te lo dije».

Infidelidad

Una tarde, un compañero de un trabajo anterior, me habló para saludarme, y como cualquier otra persona, por cortesía, preguntó por mi esposo. Entonces se enteró del proceso de divorcio:

–¿Es broma, verdad?, ya, en serio.

–No, es en serio.

—No puedo creerlo, pero yo me quedé en que tenías un super matrimonio.

—Ya ves —y terminé contándole la historia corta—. Me fue infiel.

—Pero qué pendejo es, si tú vales muchísimo. ¿Cómo pudo hacerte eso?

Tal vez, si esa conversación hubiera sucedido en el primer mes, donde mi veneno estaba a flor de piel, hubiera secundado todos los comentarios de mi compañero, pero, no sentía ganas de hablar mal de mi ex, ya no tenía nada malo que decir, es más, me incomodaba escuchar que hablara mal de mi ex; fue ahí, cuando me di cuenta de que ya no tenía enojo, pareciera que el perdón ya había llegado.

«Independientemente de como pasaron las cosas, para mí, él fue una persona a la que amé durante largo tiempo, fue alguien con quien pasé cosas buenas y me acompañó en las no tan buenas, nos dimos mucho mutuamente; el tiempo fue maravilloso y, sólo por eso, no puedo sentir más veneno. Lo hecho, hecho está y tenía que pasar así, aunque sus decisiones me hayan causado el dolor más grande que viví».

Y como esa llamada, en las siguientes semanas empezaron a aparecer más compañeros de otros trabajos para saludar (creo que la cuarentena nos hacía aprovechar el tiempo con personas que no frecuentábamos en nuestra normalidad por la rapidez de la vida), por lo que era hora de enterarle al mundo de mi divorcio y ya no únicamente a mi círculo cercano. Lo que me encantó fue poder hablarlo desde otro lugar, de una manera más consciente, sin lastimar a nadie. Porque una vez más, me di cuenta de que sólo quería darle vuelta a la página.

Días después, recibí una llamada de otro compañero para saludar; una persona que años atrás, intentó algo más conmigo. Eso me hizo recordar que sí, mientras estuve casada, por supuesto que hubo hombres que se acercaron para intentar algo más que una amistad conmigo, pero la gran diferencia entre mi ex y yo, es que nunca di paso a nada más, siempre fui muy clara y tajante y ellos lo entendieron muy bien. Me hubiera encantado que mi ex me respetara de esa manera. Por eso, me rehuso a ser parte de esa frase: «Una infidelidad siempre es culpa de ambos». LO NIEGO ROTUNDAMENTE.

Sí creo que los problemas en una pareja son de dos. Y no niego que también aporté a que mi matrimonio se desvaneciera poco a poco, pues definitivamente, veníamos de dos malos años. Pero, decir que por eso mi ex quiso serme infiel, me parece una pésima excusa. No puedes culpar a otros de tu elección, y yo siempre he creído que la infidelidad es decisión de una persona, pues ella tiene la opción de elegir, nada ni nadie la obliga, por más que la pueda estar pasando mal con su pareja. Para mí, quien elige ser fiel, lo hace por convicción a sus valores y no por lo que su pareja le pueda dar.

En otras palabras, el infiel se defrauda a sí mismo, demuestra que no tuvo las agallas para hablar con honestidad y tomar las riendas de lo que fuera y con lo que implicara, pero siempre con la verdad como estandarte. Así que, por eso, no comparto que la pareja del infiel contribuye a ello, antes podría abrir conversación: «¡Hey!, por ahí no es». «Necesitamos hablar». «Quiero decirte que me lastima como estamos, ¿qué podemos hacer?» o en el peor de los casos: «Esto no está funcionando, terminemos de la mejor manera». Pero siempre, siempre tendrás la opción de no ser infiel.

Hay estudios que intentan justificar el comportamiento infiel del género masculino e incluso, psicológicamente se dice que buscan en la esposa a su mamá y en la amante a la pareja. Para mí, se trata de honestidad, no hay otra salida. Es increíble que, teniendo banquete en casa, quieran comer las sobras de la basura, y no digo que esté mal, pero no puedes comer las dos cosas al mismo tiempo.

Amé demasiado: demasiado es mal.

Mi ex fue prácticamente mi primer novio, con él viví mis primeras veces en muchas cosas. Fue la primera relación formal que tuve en toda mi vida y, como me lo decían mis amigas en su momento: «Tu siguiente novio es con quién te casarás» y así fue, tenían toda la razón. Nunca fui una chica que buscara tener mil novios antes de encontrar al indicado, siempre supe que mi historia sería como las películas: un solo hombre para toda la vida. Por lo que, efectivamente, nunca tuve alguna otra experiencia que me ayudara a aportar a mi matrimonio, excepto los tres años de noviazgo que duré con él.

Hoy me doy cuenta y, no es una excusa, pero esa no experiencia (y hablo de la que adquieres en una relación como la de mi divorcio) me llevó a contribuir a que mi relación se desgastara. Caigo en cuenta de que me enamoré de la idea del amor que quería tener, idealicé mi historia y, por ende, lo idealicé a él. Creo que amé desde una burbuja, con los ojos cerrados, dejando a un lado los detalles que creía no eran importantes pues, mientras existiera amor, se podía todo. Me dejé llevar por sentir que éramos felices y bastaba el hecho de decirnos cuánto nos amábamos, a mí me bastaba escucharlo. Era suficiente saber lo bien que nos tratábamos y llevábamos y, hasta cierto punto, nos tuvimos respeto. Saber que compartíamos los fines de semana y hacíamos cosas juntos, que deseaba dedicar mi vida y mi tiempo libre a estar con él porque eso me hacía inmensamente feliz. Todo eso se veía perfecto desde mis ojos. Pero no me di cuenta de que mis ojos tenían ceguera.

Ahora, con todo el camino de aprendizaje que he pasado desde mi separación (y que aún sigo descubriendo), es inevitable no aceptar que también aporté a ese divorcio; lo hice cegada, desde una manera extremista de amar. A diferencia de él, que optó por no hablar con honestidad y comportarse como un cobarde al evadir lo que sentía, yo contribuí amando demasiado –siempre «en el nombre del amor»–, fui codependiente, una mujer sin decisiones propias porque me hacía feliz lo mismo que a él. Y ahora entiendo que yo también estaba perdida en mi idea del amor, porque en ese momento, creía que necesitaba a mi media naranja y deposité mi felicidad en él; porque no puse atención a la realidad y decidí vivir en mi fantasía; y la realidad, tarde o temprano, me alcanzó para recibirme con un balde de agua helada, y eso me hace pensar, que también fallé a la relación por no saber amar desde un lugar de realidad.

Creo también, que a pesar de haberlo amado tanto, no era excusa para lastimarme como lo hizo, y puedo estar muy segura de que siempre fui honesta, amaba la idea del amor y él estaba en ella, pero jamás busqué herirlo. Dentro de mi burbuja, mi amor era muy sincero y leal, y eso fue lo que ofrecí hasta el último momento.

Soy más fuerte de lo que pensaba.

Siempre me supe fuerte, nunca me dejaba caer. Yo sabía que no moriría porque el niño que me encantaba no me hacía caso, o por ver a mis papás pelear, incluso supe lo fuerte que fui cuando mi papá se accidentó y vi a mi familia vivir la peor situación. Pero, cuando él me pidió el divorcio, reconocí que en esa ocasión no podría sola, me sentía frágil y mi piso se estaba deshaciendo.

Mi mundo se cayó. Sentí el dolor en dos etapas: La primera, cuando me dijo que quería divorciarse, sin ningún motivo aparente. Fue muy sorpresivo, pues yo sentía que volaba en una burbuja de felicidad, y vivía en el séptimo cielo, aquél en donde lo único que puedes sentir es un amor inmenso y alegría. Cuando me pidió el divorcio, fue cuando rompió mi burbuja y me aventó al precipicio, así, sin avisar y sin protección, caí directo en el concreto y me quebré, me quebré en millones de pedacitos.

La segunda, al descubrir su verdadero motivo; cuando me enteré de lo patán y cobarde que había sido por años. Fue justo aquí, cuando creía que ya no se podía estar más rota, que llegó un tsunami y terminó por arrastrarme, me subió y bajó en el agua, me llevó dentro de un remolino, incluso tragué la maleza del mar y ahora sí, ahí estaba tirada, fracturada y completamente destrozada.

Y así me vi: lastimada, en el piso, sin ganas de recoger los pedazos, simplemente, ese golpe fue demasiado para mí, no tenía ganas de nada. Con todo eso, por supuesto, creí que no saldría, tenía mucho dolor. Pero la frase: «No sabes lo fuerte que eres hasta que ser fuerte es tu única opción» fue cierta para mí. Tuve que sacar lo peor de mí para poder llegar a lo mejor, y se sintió muy satisfactorio; había llevado mi proceso de la mejor manera en todos los sentidos; abracé mi enojo, mi dolor, mi tristeza, dejé fluir todos mis sentimientos y emociones.

Limpié y saqué lo que ya no servía para dar la bienvenida a lo bueno que venía; ahora tenía que hacer espacio para guardar todo lo positivo en mi vida. Por primera vez sentía esa fuerza interna que me llevó a otro nivel, la que no se puede ver, pero es la más poderosa que puedes sentir. Por ello, celebré mi victoria personal, y no era egocentrismo, simplemente nadie más podía entender lo que necesité para lograrlo. Agradecí lo que me había pasado, porque de otra manera, no estaría donde estoy, no me sentiría como me siento.

Rodeada de amor.

Fue increíble darme cuenta de tantas personas que me mostraron su amor. En esta etapa, fortalecí la amistad con mis amigas, retomé amistades que había dejado, pero sobre todo, me acerqué a mi familia. A pesar de que físicamente estábamos lejos, jamás me había sentido tan cercana a ellos, llegaba a mí su preocupación, su amor, sus buenos deseos; me apoyaron sin cuestionar y sólo estuvieron ahí para mí, nunca me dejaron sola.

Desde el principio pude sentir que Dios me escuchó y me mandó la ayuda que le pedí para salir ilesa de todo el proceso, así que, por supuesto que el amor de Dios ahí estaba, y el de mis ángeles también. Me sentía bendecida, en paz y rodeada de una enorme cantidad de amor.

Sí, también fui cobarde.

Mírame, que tengo miedo
No me dejes sola con lo nuestro
Pesa tanto que nos puede hundir
¿Dónde estás? Háblame

No entiendo el idioma del silencio
Y callar es lo mismo que huir.
Y por ahorrarnos el sufrimiento
Seguimos apostando que nos mate el tiempo
Mi vida, yo prefiero vivir.
Vamos de la mano en la caída
Nadie quiere ser quien se despida
Y no hacemos nada.
Corre, se me acaba la fuerza
Se nos rompe la cuerda
Si nos suelta no le demos más vueltas
Se nos cierra la puerta, se cierra.
Y tú no haces nada
Y yo no hago nada
Y no hacemos nada, nada, nada.

Esta canción de Paty Cantú no pudo describir mejor mi situación en el 2018. En ese año todo comenzó a cambiar, él comenzaba a mostrarse como siempre fue y, aún así, me negaba a ver las cosas de manera diferente. Decidí confiar en él a ciegas, a pesar de que mi intuición me gritaba lo contrario; sabía que mi relación ya no estaba bien y no me hacía feliz como estaba viviendo e, incluso, lloraba y me sentía lastimada por su comportamiento, y no tomé acción y por ello también fui cobarde.

Simplemente agradecer

«Se llama calma y me costó muchas tormentas».

Dalai Lama

Y dicen que para vibrar en positivo y mostrar una energía alta, lo único que tienes que hacer es agradecer, agradecer todo lo que tienes por muy simple que parezca: tu cama, techo, pertenencias, trabajo, las estrellas, el aire, la respiración e, incluso lo que no tienes, ya que será un nicho de aprendizaje. Eso me hizo pensar en el apoyo de tanta gente que me ama y quiero agradecer especialmente:

A Dios,
Y todo el ejército de apoyo que me envió, sin tanto amor no estaría donde estoy. Me hizo abrir mi mente, mi corazón y alma. Gracias a ello, pude ver con claridad, pude entender el para qué y sentir la felicidad que tanto pedía.

Después vinieron mis ángeles, quienes siempre han estado conmigo, pero esta vez los sentí muy, pero muy cerca de mí. Su guía y ayuda me brindaron paz y me animaron a vivir mi proceso de la mejor manera.

También, conté con muchos apoyos para conectarme conmigo:

La meditación; siempre había escuchado que tenía muchos beneficios, que te conecta contigo mismo y te lleva a encontrar respuestas. Aún la practico y me hace sentir ¡excelente!

La lectura: no dejé de leer y leer, era el alimento para mi mente. Todos los libros enfocados a temas de amor propio, de paz, de entender los para qué, llenaban también mi alma: *Metafísica 4 en 1* por Conny Méndez, *El hombre en busca de sentido* por Viktor Frankl, *Francesco*, y *Salvemos al amor* por Johana García, *Ángeles y Tiempo de Arcángeles* por Tania Karam... y la lista sigue creciendo.

Mi canalización con los Ángeles: Gracias, Tere, por aceptar verme. Sé que todo se alineó y así te pareció a ti también cuando, a pesar de no estar dando sesiones, decidiste hacer una conmigo. Tu sesión me acercó más a mis ángeles y dejó una paz increíble con todo lo que platicamos, me ayudaste a entender, me encantó saber lo que mis ángeles y guías sentían por mí y la forma en que estaba aprendiendo de mi proceso. Gracias infinitas por darme la oportunidad de vivir esta experiencia.

Y ahora sé que todo tiene un para qué, todo lo que te pasa es para un aprendizaje, y no estás sola. Así como me llegaron las herramientas para salir adelante, ahora sé por qué hubo personas que se integraron a mi vida en algún punto y, que en los momentos más difíciles, me ayudaron mucho, seguramente ninguno de ellos sabe muy bien lo que hicieron por mí, pero yo quiero hacerlo saber:

Mi amiga Samantha,
Se me llena el corazón de emoción de poder agradecer a esta persona, nunca olvidaré que pasó conmigo esos momentos difíciles, nunca me dejó sola, así ella tuviera otros planes, así no tuviera ganas de salir en sus días de descanso, ella estuvo ahí.

Gracias por darme tiempo para verte aquel primer día de mi dolor, por tus pláticas, por tu razonamiento, por escucharme, por aguantar mis mil lágrimas, mi frustración, por atender el celular cada vez que te marcaba y seguramente te interrumpía en el trabajo, por darme el contacto de Adri, por comer conmigo, ¡volcanes de chocolate! para animar el alma.

Gracias por ser una maravillosa persona y amiga, gracias por demostrar el valor de la amistad y permitirme fortalecerla. Nunca podré pagarte con nada el que me dieras tu mano cuando más la necesitaba. ¡Te quiero mucho!

Mi amiga Maryfer,

Otra personita importante en este proceso. Maryfer, sabes que tú y yo estamos conectadas desde antes, todo tiene una razón. Gracias por ser mi ángel terrenal, por todas tus conversaciones y enseñanzas, por compartirme tu conocimiento, tus contactos, por invitarme a talleres, por entender mi despertar y escucharme siempre, sabemos que no todos estamos en la misma frecuencia y me encanta tenerte en la mía.

Gracias por abrirme las puertas de tu casa, gracias por ser mi compañía algunos días en esa cuarentana, gracias por las tantas risas que pasamos y por comerte mis experimentos: mis postres.

Gracias por estar ahí para mí, por apoyarme y entenderme, gracias por permitirme tener esta amistad contigo, por ser una persona súper transparente y noble. ¡Te quiero mucho!

Mi psicóloga,

Adri, contigo fue mi primer paso para salir adelante, aunque aún seguía aferrada a la idea del amor en mi terapia, me ayudaste a descubrir tantas cosas, a trabajar en mí y entender que, al estar bien yo, me ayudaría a estar bien con cualquier otra persona. Gracias a ti caí en cuenta de tantas cosas que resonaron en mi interior, y eso me llevó a seguir buscando los siguientes pasos para sentirme bien. Gracias por impulsarme a tomar decisiones, ayudarme con tus contactos de bienes raíces y dar ese paso tan grande que era buscar un nuevo espacio. Gracias por tu gran personalidad que hizo tanto *click* con la mía. De alguna manera, muchas veces sentí ese amor en tus palabras (sé que suena súper romántico, especialmente porque es una sesión de terapia, pero sé que tú eras la indicada para ayudarme). Sin tu ayuda profesional, definitivamente me hubiera costado mucho más tiempo e, incluso, tal vez seguiría en el mismo lugar.

Mi familia,
Uno de los grandes aprendizajes que me dejó toda esta tormenta, fue saber y sentir que mi familia siempre ha estado conmigo, la gran diferencia es que ahora sí los dejé entrar a mi vida, me abrí totalmente sin importar si me veían vulnerable, dolida, destrozada, sensible. Gracias a ello, aunque estábamos a distancia, fue la primera vez que los sentí tan cerca a mí. Gracias por estar al pendiente, gracias por preocuparse, gracias por todas sus palabras y, a veces sin decir nada, gracias por estar ahí para mí.

Mi mamá: Sé que nadie mejor que tú entendiste mi dolor, mi enojo, y yo también pude hacerlo y dejar de juzgar tus decisiones. Este fue uno de mis mayores aprendizajes que me diste. Gracias porque, desde tu manera, me ayudaste. ¡Te quiero mucho!

Mi hermano, Toño: Esta fue la primera vez que me abrí contigo, mostrarte mi llanto, mi tristeza, que me habían destrozado. No había manera de ocultarlo, pero quise hacerlo porque era mi forma de decirte que te necesitaba. Y ahí estuviste, gracias por estar al pendiente de mí, por darme las palabras de aliento, sé que te preocupaste, aunque no me lo decías, pero de verdad gracias por estar ahí. Sabes que te quiero muchísimo.

Mi papá: Siempre me sorprendes, pues en los momentos más difíciles sabes cómo actuar e, incluso sabes qué es lo que necesito, así sea una llamada, o palabras, eres muy empático ante mis situaciones. Gracias por estar también conmigo.

A mis tíos (mis segundos papás en Querétaro): Aurora y Paco, gracias por estar al pendiente de mí, por hacerme sentir siempre que tengo familia cercana, por invitarme a comer, a sus celebraciones, por escucharme, alentarme y cuidarme cuando me enfermé. Sé que su hospitalidad no fue sólo en esos momentos, desde siempre ustedes me han recibido como una hija más. Gracias por estar ahí para mí.

Hasta al ex,
Por supuesto que no todo fue malo en nuestra relación, hubo cosas maravillosas y agradezco todo lo que algún día hiciste y diste por mí. Así lo sentimos en algún punto. Gracias por todo lo bueno, pero lo increíble (y que jamás pensé decir) gracias también por todo lo malo, porque vale la pena ver el lado bueno de toda la tormenta que causaste en mí, porque gracias a ello, hoy me siento como me siento, hoy estoy en donde estoy. Hoy sé que fuiste una persona que estuvo por una temporada en mi vida, que vino a destrozarme para que yo renaciera, para ser hoy, una persona completamente consciente de mí y de todas las esferas en mi vida.

Sigo recordando el día que salí a caminar y sentí paz al sentirme tan agradecida de todo lo que me había pasado, del dolor que me causaste, porque gracias a ello, no me quedó de otra más que ser fuerte y trabajar en mí, llevándome a una felicidad pura. Todos venimos a aprender, y deseo lo mismo para ti.

FIN DE UN CICLO...

A mí,

Querida Jacquie:

Hoy, después de un proceso intenso (y del cuál sigues aprendiendo), puedes ver la vida desde los ojos de tu experiencia, pero, sobre todo, gracias a que abriste tu mente y tu corazón, puedes decir que todo ese ciclo que cerraste te dio un mar de aprendizajes. No hay manera de que hoy te quiten todo lo que descubriste en ti, no hay manera de olvidar que el dolor sacó una fuerza increíble en ti.

Y en esta nueva etapa, no olvides nunca tu esencia, porque eso eres y te hace ser única y una increíble persona y mujer. Pero ahora, suma todo lo que con lágrimas, tristeza, enojo, dolor y miedo aprendiste.

Ama, pero ama en una realidad y no en una fantasía, entrega todo, pero no tanto como para abandonarte a ti. Nunca olvides tus esferas: tú, familia, amigos, trabajo y pareja; recuerda que todos forman parte de tu vida, ¡no descuides a ninguna!
Y sigue creyendo, escuchándote, descubriéndote y agradeciendo a Dios por nunca dejarte sola.

Te amo,

UN NUEVO COMIENZO...

Atravesando el dolor
(Mensaje del autor)

Todo olvidaré, sin guardar rencor
Solo habrá atención donde este mi voz
Solo así, quiero seguir soñando
Y poder latir mi corazón
Ahora sí, quiero vivir conmigo sin preocupación
Soy yo, más fuerte de lo que pensaba
Sin mí, ahora viviría en la nada

Más fuerte de lo que pensaba
Aleks Syntek

A continuación, quiero compartirte herramientas y consejos muy sencillos a tu alcance, que pueden acompañarte si estas pasando una decepción amorosa o incluso para cualquier tipo de relación; a mí me ayudaron a sentirme mejor y comprender mi proceso, sin embargo, no olvides que esto no es una receta y cada quien vive su dolor de manera muy diferente. Pero sí quiero recordarte que la fórmula mágica para afrontar el dolor se llama «amor propio», y esto funciona absolutamente para todos.

Permítete ser y estar

Que nadie invalide el momento de vida que pasas. No importa si es «para tanto o no», lo importante es que abraces tu proceso. Es tu dolor y no hay que entender, sino respetar, empezando por ti:

-Cada quién su proceso, no compares: Si tu amiga que pasó por la misma situación la superó en menos tiempo que el que tú llevas, no significa que estás mal o que tienes que apresurarte para sanar. No hay procesos iguales: el tuyo es único. Haz lo que tengas que hacer para trabajar en ti, a tu tiempo, tu indicador sólo será sentir que avanzas paso a paso. Por ejemplo, yo caí en cuenta del avance en mi proceso cuando retomé el gusto por hacer actividades como disfrutar mis alimentos, bailar, cantar... prácticamente, retomar mi vida poco a poco.

-*Vive tu duelo*: A nadie le gusta sufrir o sentirse lastimado; sin embargo, darte el tiempo para reconocer tus sentimientos y emociones es uno de los primeros pasos para sanar, y, por tanto, sentirte mejor. Las lágrimas, el no querer levantarte de la cama, comer, estar sola, sentir que ya no puedes más está permitido; sólo recuerda que eso es una etapa y para avanzar es necesario que dediques un momento a desahogarte. Permite que te duela, abraza tu enojo, tu dolor y tu tristeza, pero no te pongas cómoda, porque tienes que dar el siguiente paso.

No te guardes nada

Es común decidir guardar silencio porque crees que no te entenderán, que te juzgarán o, simplemente, que sentirán lástima por ti, no obstante esas son sólo ideas en tu cabeza. Hablar de lo que te preocupa te ayudará a sentirte mejor, liberar emociones, evitar que huyas de la realidad y descargar toda la angustia que estás atravesando.

-*Grita*: A veces es lo único que necesitas para desahogar la emoción instalada en tu pecho. Busca un lugar dónde puedas desahogarte sin reprimir nada, donde puedas sólo gritar o decir lo que necesitas sacar de ti. Ya sea que vayas manejando tu coche, estaciónate, sube las ventanas, sube el volumen de la música y grita. Llora, llora como niña, no te quedes con nada adentro.

-*Habla con quién más confianza tengas*: Que no te dé pena, te aseguro que la persona en quien confías estará para escucharte. A veces, no es necesario buscar una plática, sólo busca a esa persona con la que puedas llorar a su lado y te escuche sin decir nada. Es liberador poder verbalizar tu dolor.

-Escribe en tu libreta negra: Y no es más que tomar unas cuantas hojas en las que te permitas decir lo que quieras, sientas y piensas, sin juzgarte, sin pensar en si estás siendo buena o mala persona por lo que escribas. Maldice, odia, escribe groserías, escribe que aún lo amas, escribe lo estúpida que fuiste; escribe, escribe, escribe. Todo se vale en esta libreta, porque no dañas a nadie y, al contrario, te sanas a ti.

-Escucha música: Si eres fan de la música, esta ayuda es otra forma de tomar terapia. Desahogarte a través del canto, combinando la música y tus artistas favoritos te ayudará liberar tu pecho.

-Escucha a tu cuerpo: Los procesos de sanación no son lineales, inclusive en un mismo día puedes estar bien y al instante puedes deprimirte. Por tanto, aprende a escuchar a tu cuerpo y date la oportunidad de hacer lo que te pida sin cuestionarte; llora sin parar si es que así lo sientes, ríe si ya te sientes mejor, no hagas nada si así te lo dicta. No reprimas tus emociones, verás que te ayudará a atravesar mejor tu dolor.

-Toma terapia psicológica: Si está en tus posibilidades, acude con un profesional para que te guíe y ayude a atravesar tu proceso; créeme, será un apoyo valioso. En caso de requerirlo, puedes consultar ayudas del Gobierno en tu ciudad, o buscar grupos de apoyo en los que cuentan con este servicio gratuito o por un costo mucho menor.

¿De qué trata una terapia?

Para fines prácticos, es una charla con un profesional en psicología, que te escuchará sin juicios y te ayudará a tomar el control de tu vida y la conciencia de lo que haces, piensas y sientes; para lograrlo, prepárate para expresar tus pensamientos, comportamientos y sentimientos más privados. Hay dos síntomas principales que trabajas al inicio de tu terapia, debido a que son los primeros que se presentan como consecuencia de una separación sentimental:

Culparte. «¿Qué hice mal?», «¿qué me faltó?» y «¿por qué a mí?» son preguntas que se presentan en tu mente de manera constante y torturan tu proceso. En una terapia podrás calmar esos pensamientos y entender que no hay culpables. Como ejercicio rápido, puedo sugerirte hacer una lista con todo lo bueno que tú diste e hiciste en esa relación; responde preguntas como «¿qué acciones hice bien en esta relación?», «¿fui leal?», «¿fui honesta?», «¿cómo contribuí a salvar esta relación?», «¿me apegué a mis valores?»... De principio, esto te ayudará a recordar cómo te manejaste y qué estuvo en tus manos. Toma en cuenta que las acciones de esa persona son sólo su responsabilidad.

Juzgarte. Siempre es difícil no hacerlo, pues, naturalmente, somos los principales críticos de nuestras propias acciones. Palabras como «soy una tonta» o «cómo no pude verlo» son una constante al inicio de tu proceso. Lo importante es que recuerdes que nadie es perfecto; equivocarse o creer que las cosas no salieron como planeabas sólo debe animarte a continuar tu vida. Hazte preguntas poderosas y reflexiona sobre ellas, por ejemplo: ¿Qué puedes aprender de esta experiencia? ¿Qué le dirías a una amiga si estuviera pasando por la misma situación? ¿Qué tan cierto es lo que piensas? ¿Qué harías diferente? Son sólo algunas preguntas que pueden cambiar tus pensamientos.

 ## Amigos positivos

Le di este término a todas aquellas herramientas que me acompañaban en mis momentos de soledad y, por lo tanto, se convertían en amigos presenciales de alguna manera, además de que tenían la característica de brindarme información que me ayudaba a reflexionar, a cambiar creencias, pero sobre todo me daban paz.

-*Lectura*: Ya sean libros, artículos, blogs, todo aquello donde creas que puedas obtener información que te ayude a sanar tu alma. Busca sobre el tema por el cual estás atravesando: infidelidad, autoestima, amor propio, etcétera. Pide recomendaciones de lecturas a tus amigos, maestros y, por qué no, a Google.

-*Podcast*: Si no eres tan fan de leer o, simplemente, quieres complementar esta opción, busca psicólogos, expertos en el tema por el que atraviesas, personas con quienes simpatices para que sea más provechosa la información y compañía; recuerda que serán tus amigos aliados.

-*Meditación*: La meditación te puede dar muchos beneficios, sobre todo si ya eres un experto; en caso contrario, esta herramienta te va a ayudar a relajarte en esos momentos en los que tu mente está «a mil por hora» sin dejar de pensar. Haz un alto con esta ayuda. Lo más básico es cerrar tus ojos y respirar profundamente las veces que sean necesarias, esto te permitirá concentrarte en ti. Asimismo, puedes buscar meditaciones guiadas y adecuar un espacio en tu casa para ello, como tu refugio de paz, o bien puedes buscar en tu ciudad casas de meditación en las que, normalmente, sólo das una cooperación para ser parte de las sesiones. Lo importante aquí es aprender a calmar y controlar tu mente.

-Haz ejercicio: No hay mejor manera de ayudar a tu cuerpo a sacar emociones que a través del ejercicio. Encuentra qué actividad te gusta; puede ser desde lo más básico, como caminar, trotar, hacer aparatos, hasta algún deporte en forma. Trata de hacerlo en un mismo horario y dedica el tiempo que tú consideres necesario. Lo importante es comenzar.

-Primero tú, luego todos: Principio básico del amor propio. No se trata de egoísmo o narcisismo, sino de estar bien tú para poder compartir a los demás. Y si hablamos de amigos positivos, debes iniciar contigo: quiérete, escúchate, considérate, pon limites, trátate como tratarías y aconsejarías a tu mejor amiga. También hay momentos en los que debes entender que no estás bien y, aun así, estarás ahí para ti.

 ## Introspección

Cuando decides avanzar teniendo a la incertidumbre de tu lado, cuando aún con un corazón roto y un alma herida decides levantar la mirada, ahí nace el verdadero héroe, quien, a pesar de sus temores, en medio del caos y sin saber la respuesta, decide afrontar su proceso. Nadie dijo que sería fácil, pero ya eres valiente por intentarlo. Recuerda que la oscuridad sólo te ayudará a brillar.

-Sé protagonista: Como lo mencioné en líneas arriba, debes permitirte vivir tu duelo, pero no quedarte a vivir en él; si lo prolongas, te conviertes en víctima, y eso no te ayudará a sanar. Deja de reprocharte, de culparte, de señalar a cada momento lo que te hizo la otra persona, de responsabilizar a otros por lo que te pasó, deja de vivir en el suelo; sécate las lágrimas, recoge tus pedacitos y levántate firme y fuerte, que nada ni nadie te haga vivir herido. Aquí no hay una fórmula matemática y mucho dependerá de tu voluntad. La buena noticia es que, si consideraste alguno de los consejos arriba citados, seguramente tus ganas y voluntad para salir adelante ya se han presentado.

-Haz una lista con lo positivo de tu situación: Como lo he mencionado, escribir te ayuda a verbalizar tu dolor, pero también te ayuda a generar conciencia y abrir tu panorama. En este punto, comienza por escribir los pros de ya no estar con esa persona; escribe hasta lo más mínimo, y, mientras escribes, imagina cómo puede cambiar tu vida ahora que tienes la opción de aplicar lo positivo, por ejemplo: puedo usar zapatillas, puedo salir más con mis amigas, puedo sentir paz, etcétera. Verás que al terminar la lista tu mentalidad comienza a cambiar respecto a lo que pasó.

-Haz una lista para agradecer: Otra lista que puede ayudarte a generar conciencia es escribir todo lo que tienes en tu vida para agradecer; puedes empezar por las cosas más obvias que siempre olvidamos, como poder respirar por ti mismo, comer, caminar, tener salud, ser independiente... Agradece por tener una cama, un techo, por tus hijos, tus familiares, por aquel viaje que hiciste, por haber conocido a cierta persona positiva..., busca hasta en el rincón más escondido todo aquello por lo que tienes que agradecer. Esto alimentará tu alma y te ayudará a darte cuenta de que hay más por vivir que por sufrir.

-*Aprende a desaprender*: Cuestionar todo podrá ayudarte a entender mejor tu contexto y por qué te afecta como lo hace un rompimiento amoroso. Cuando realmente haces una introspección, te das cuenta de que hay algunas creencias con las que ya no simpatizas. A veces, desde pequeños, tenemos costumbres y hábitos que nos dijeron que eran el deber ser, pero con el paso del tiempo es normal y sano cuestionar por qué «tiene» que ser como dijeron; especialmente cuando se trata de amor: ¿Quién dijo que tengo que casarme?, ¿quién dijo que estar divorciado es una marca en tu vida?, ¿es cierto que una relación debe ser perfecta?, ¿quién definió el estándar de «bonita»?, ¿existe sólo un amor de mi vida? Mientras más cuestiones, más podrás expandir tu mente y entender mejor tu vida, desaprendiendo y adquiriendo nuevas creencias para tu momento de vida actual. Una vez que abres tu corazón y tu mente, todo comienza a llegar a ti. Date la oportunidad de nutrirte con información nueva que te vibre mejor.

-*Pon límites*: Otro punto básico dentro de la construcción del amor propio. Muchas veces tenemos miedo de que nos vean como «malas personas» por decir que no a algo que no queremos, pero tenemos que normalizar más estas respuestas, pues lo único que hacemos es cuidarnos a nosotros mismos. Cuando empiezas a practicar el comunicar qué quieres y qué necesitas, estableciendo una frontera que no sea cruzada por los demás (siempre sin dañar a alguien), tendrás y darás claridad sobre cómo llevar relaciones sanas. Toma en cuenta que al establecer límites podrías «perder» amigos e incluso familia, y este último grupo es otra creencia para desaprender, pues se nos ha dicho que la familia es lo más importante (con lo cual estoy de acuerdo), pero no cuando te hacen daño: en ese momento tus límites tomarán relevancia para cuidarte.

-**Perdónate**: Y más que perdonarte, debes entender que nadie es perfecto y eso te incluye. A veces harás cosas de las que después te darás cuentas de que no debiste haber hecho; aceptarás situaciones que tal vez no eran lo mejor para ti. Por más obvio que sea para el resto del mundo, debes entender que, para quien lo vive, nunca es obvio; de modo que no te critiques, sólo acepta que así tuvo que pasar y que lo importante es soltar para permitir que lleguen cosas nuevas: libérate de sentimientos y emociones que sólo se convierten en una carga, necesitas hacerlo para que tu andar sea ligero.

Cultiva tu amor propio

Pero ¿qué es el amor propio?, estoy segura de que podrás encontrar varias definiciones al respecto; a mí me gusta definirlo como la relación que tienes contigo misma, en la que aceptas lo bueno y no tan bueno de ti, aprendiendo y reconstruyéndote. Cuando logras conocerte y aceptarte, ya nadie podrá lastimarte remarcando tus inseguridades, hiriendo tu autoestima o mostrando tu hermosa imperfección, y mucho menos buscarás llenar aquello de lo que ya eres consciente.

Todo lo mencionado en este capítulo te ayudará a cuidar de ti, así que no olvides que te he recordado la «varita mágica» para hacer frente a tu vida; tómala y conviértela en tu bandera ante cualquier felicidad y ante cualquier adversidad. No olvides que el nombre del juego se llama amor propio.

Y aquí termino mis sugerencias. Espero que, si llegas a necesitarlas, te sean de utilidad. Si bien no soy la primera ni la última mujer que se divorcia, sí quise compartir mi experiencia para demostrar que cualquier persona que se reconozca con amor propio jamás, por nada del mundo, volverá a pasar una noche oscura del alma.

P.D:

1) Si te preguntas cómo le va a Jacqueline, después de casi cinco años de haber iniciado su proceso y poner en práctica estas y otras herramientas que se cruzan en su camino, te comparto que es una mujer independiente, espiritual, y que ahora sabe que el amor implica trabajo y construcción diaria, lo que la ha convertido en su mejor versión.

2) Y sí... encontró a su segundo amor, una pareja con la cuál ha aprendido una nueva forma de amar; un amor real, basado en comunicación y trabajo mutuo. Y también reconoce que, de no tener una pareja a su lado, siempre tendrá a su verdadero primer amor: ella misma.

Eva Patricia Pino Reséndiz nació en el Estado de Querétaro en 1987. Estudió la Licenciatura en Administración graduándose con mención honorífica. Desde el inicio de su carrera profesional se ha dedicado al área de Recursos Humanos, cuenta con un Diplomado en Desarrollo Organizacional y es Coach Ejecutiva certificada. Disfruta de escuchar música, leer, meditar y asistir a conciertos. Durante la pandemia de 2020 se le presentó un quiebre en su vida causado por su divorcio sumergiéndola en un mar de aprendizajes sobre ella misma. Su inquietud por compartir su proceso la llevó a descubrir que un mal capítulo también puede crear una buena historia.

Made in the USA
Columbia, SC
17 November 2024

46314596R00083